中国国际减贫中心
IPRCC International Poverty Reduction Center in China

中国减贫与发展经验国际分享系列
The Sharing Series on China's Poverty Reduction
and Development Experience

U0644432

中国农村精准扶贫

政策与实践

China's Policies and Practices:
Targeted Poverty Alleviation

中国国际减贫中心◎编著
Edited by International Poverty Reduction Center in China

中国农业出版社
北　京

《中国农村精准扶贫政策与实践》
编 写 组

组 长：万 君 李 昕

成 员：张 琦 冯丹萌 徐丽萍 贺胜年 刘欢欢

姚 远 孔 梅 陈亚坤 庄甲坤 薛亚硕

李 璐 陈睿颖 宋 毅 杨晨鹭 李庆涛

◎ 总 序

　　消除贫困是人类梦寐以求的理想，人类发展史就是与贫困不懈斗争的历史。中国是拥有 14 亿人口、世界上最大的发展中国家，基础差、底子薄，发展不平衡，长期饱受贫困问题困扰。消除贫困、改善民生、实现共同富裕，是社会主义的本质要求，是中国共产党的重要使命。为兑现这一庄严政治承诺，100 多年来，中国共产党团结带领中国人民，以坚定不移、顽强不屈的信念和意志与贫困进行了长期艰苦卓绝的斗争。改革开放以来，中国实施了大规模、有计划、有组织的扶贫开发，着力解放和发展社会生产力，着力保障和改善民生，取得了前所未有的伟大成就。2012 年党的十八大以来，以习近平同志为核心的党中央把脱贫攻坚摆在治国理政的突出位置，习近平总书记亲自谋划、亲自挂帅、亲自督战，推动实施精准扶贫精准脱贫基本方略，动员全党全国全社会力量，打赢了人类历史上规模空前、力度最大、惠及人口最多的脱贫攻坚战。

　　脱贫攻坚战的全面胜利，离不开有为政府和有效市场的有机结合。八年间，以习近平同志为核心的党中央加强对脱贫攻坚的集中统一领导，发挥中国特色社会主义制度能够集中力量办大事的政治优势，把减贫摆在治国理政的突出位置，为脱贫攻坚提供了坚强政治和组织保证。广泛动员市场、社会力量积极参与，实施"万企帮万村"等行动，鼓励民营企业和社会组织、公民个人参与脱贫攻坚，促进资金、人才、技术等要素向贫困地区集聚。截至 2020 年底，现行标准下 9 899 万农村贫困人口全部脱贫，832 个贫困县全部摘帽，12.8 万个贫困村全部出列，区域性整体贫困得到解决，完成了消除绝对贫困的艰巨任务。建成了世界上规模最大的教育体系、社会保障体系、医疗卫生体系，实现了快速发展与大规模减贫同步、经济转型与消除绝对贫困同步。

一直以来，中国始终是世界减贫事业的积极倡导者、有力推动者和重要贡献者。按照世界银行国际贫困标准，改革开放以来，我国减贫人口占同期全球减贫人口 70% 以上，占同期东亚和太平洋地区减贫人口的 80%。占世界人口近五分之一的中国全面消除绝对贫困，提前 10 年实现《联合国 2030 年可持续发展议程》减贫目标，不仅是中华民族发展史上具有里程碑意义的大事件，也是人类减贫史乃至人类发展史上的大事件，为全球减贫事业发展和人类发展进步作出了重大贡献。

中国立足自身国情，把握减贫规律，走出了一条中国特色减贫道路，形成了中国特色反贫困理论，创造了减贫治理的中国样本。坚持以人民为中心的发展思想，坚定不移走共同富裕道路，是扶贫减贫的根本动力。坚持把减贫摆在治国理政突出位置，从党的领袖到广大党员干部，目标一致、上下同心，加强顶层设计和战略规划，广泛动员各方力量积极参与，完善脱贫攻坚制度体系，保持政策连续性稳定性。坚持用发展的办法消除贫困，发展是解决包括贫困问题在内的中国所有问题的关键，是创造幸福生活最稳定的途径。坚持立足实际推进减贫进程，因时因势因地制宜，不断调整创新减贫的策略方略和政策工具，提高贫困治理效能，精准扶贫方略是打赢脱贫攻坚战的制胜法宝，开发式扶贫方针是中国特色减贫道路的鲜明特征。坚持发挥贫困群众主体作用，调动广大贫困群众积极性、主动性、创造性，激发脱贫内生动力，使贫困群众不仅成为减贫的受益者，也成为发展的贡献者。

脱贫攻坚战取得全面胜利后，中国政府设立了 5 年过渡期，着力巩固拓展脱贫攻坚成果，全面推进乡村振兴。按照党的二十大部署，在以中国式现代化全面推进中华民族伟大复兴的新征程上，中国正全面推进乡村振兴，建设宜居宜业和美乡村，向着实现人的全面发展和全体人民共同富裕的更高目标不断迈进。中国巩固拓展脱贫攻坚成果和乡村振兴的探索和实践，将继续为人类减贫和乡村发展提供新的中国经验和智慧，为推动构建没有贫困的人类命运共同体贡献中国力量。

面对国际形势新动向新特征，习近平总书记提出"一带一路"倡议、全球发展倡议等全球共同行动，将减贫作为重点合作领域，致力于推动构建没有贫困、共同发展的人类命运共同体。加强国际减贫与乡村发展经验分享，助力全球减贫与发展进程，业已成为全球广泛共识。为此，自 2019 年起，中国国际减贫中心与比尔及梅琳达·盖茨基金会联合实施国际合作项目，始终坚持站在未来的角度、政策的高度精心谋划项目选题，引领国内外减贫与乡村发展前沿热点和研究走向。始终坚持将中国减贫与乡村发展经验与国际接轨，通过国际话语体系阐释中国减贫与乡村振兴道路，推动中国减贫与乡村发展经验的国际化传播。至今已实施了 30 余个研究项目，形成了一批形式多样、影响广泛的研究成果，部分成果已在相关国际交流活动中发布。

为落实全球发展倡议，进一步促进全球减贫与乡村发展交流合作，中国国际减贫中心精心梳理研究成果，推出四个系列丛书，包括"全球减贫与发展经验分享系列""中国减贫与发展经验国际分享系列""国际乡村发展经验分享系列"和"中国乡村振兴经验分享系列"。

"全球减贫与发展经验分享系列"旨在跟踪全球减贫进展，分析全球减贫与发展趋势，总结分享各国减贫经验，为推动《联合国2030 年可持续发展议程》、参与全球贫困治理提供知识产品。该系列主要包括"国际减贫年度报告""国际减贫理论与前沿问题"等全球性减贫知识产品，以及覆盖非洲、东盟、南亚、拉丁美洲及加勒比地区等区域性减贫知识产品。

"中国减贫与发展经验国际分享系列"旨在讲好中国减贫故事，向国际社会分享中国减贫经验，为广大发展中国家实现减贫与发展提供切实可行的经验。该系列聚焦中国精准扶贫、脱贫攻坚和巩固拓展脱贫攻坚成果的经验做法，基于国际视角梳理形成中国减贫经验分享的知识产品。

"国际乡村发展经验分享系列"聚焦国际乡村发展历程、政策和实践，比较中外乡村发展经验和做法，为全球乡村发展事业提供交流互鉴的知识产品。该系列主要包括"国际乡村振兴年度报告""乡村治理国际经验比较分析报告""县域城乡融合发展与乡村振兴"等研究成果。

"中国乡村振兴经验分享系列"聚焦讲好中国乡村振兴故事，及时总结乡村振兴经验、做法和典型案例，为国内外政策制定者和研究者提供参考。该系列主要围绕乡村发展、乡村规划、共同富裕等议题，梳理总结有关政策、经验和实践，基于国际视角开发编写典型案例等。

最后，感谢所有为系列图书顺利付梓付出辛勤汗水的相关项目组、出版社和编辑人员，以及关心和支持中国国际减贫中心的政府机构、高校和科研院所、社会组织和各界朋友。系列书籍得到了比尔及梅琳达·盖茨基金会的慷慨资助以及盖茨基金会北京代表处的悉心指导和帮助，在此表示衷心感谢！

全球减贫与乡村发展是动态而不断变化的，书中难免有挂一漏万之处，敬请读者指正！

刘俊文

中国国际减贫中心　主任

2024 年 1 月

◎ 前 言

贫困是人类社会的顽疾，是全世界面临的共同挑战。贫困及其伴生的饥饿、疾病、社会冲突等一系列难题，严重阻碍人类对美好生活的追求。消除贫困是人类梦寐以求的理想，人类发展史就是与贫困不懈斗争的历史。

中国是拥有 14 亿人口、世界上最大的发展中国家，基础差、底子薄，发展不平衡，长期饱受贫困问题困扰。中国的贫困规模之大、贫困分布之广、贫困程度之深世所罕见，贫困治理难度超乎想象。

中共十八大以来，在以习近平同志为核心的党中央领导下，中国组织实施了人类历史上规模空前、力度最大、惠及人口最多的脱贫攻坚战。2021 年 2 月 25 日，习近平总书记在全国脱贫攻坚总结表彰大会上庄严宣告，脱贫攻坚战取得了全面胜利，中国完成了消除绝对贫困的艰巨任务。

占世界人口近五分之一的中国全面消除绝对贫困，提前 10 年实现《联合国 2030 年可持续发展议程》减贫目标，不仅是中华民族发展史上具有里程碑意义的大事件，也是人类减贫史乃至人类发展史上的大事件，为全球减贫事业发展和人类发展进步作出了重大贡献。

贫穷不是命中注定，贫困并非不可战胜。中国减贫的实践表明，与贫困作斗争，最重要的是勇气、远见、责任和担当。只要有坚定意志和决心并付诸实际行动，就能够向着摆脱贫困、实现共同富裕的美好前景不断迈进。

我们组织编写了这套教材，系统介绍中国消除绝对贫困的经验做法。

本册主要介绍中国农村精准扶贫政策的实践做法，第一章从全局的角度对精准扶贫政策进行了概述，包括精准扶贫的实施背景、什么是精准扶贫、精准扶贫政策都是解决什么问题等内容。第二章至第六章，分别介绍了精准扶贫关键的五个环节："扶持谁"——精准扶贫的对象；"谁来扶"——精准扶贫的主要帮扶力量；"怎么扶"——精准扶贫的主要方式；"如何退"——贫困县、贫困村、贫困户脱贫后怎么退出；"如何稳"——精准脱贫后怎么确保不发生规模性返贫。第七章介绍了精准扶贫政策经验。

◎ 目 录

◎ 第一章　精准扶贫政策概述

中国的精准扶贫政策和实践不是一蹴而就的，也不是一帆风顺的，而是一个不断优化完善的过程，最终形成了精准高效、系统科学的政策体系。

一、精准扶贫政策的实施背景

贫困瞄准是减贫实践的难题，只有精确地找到贫困人口，发现致贫原因，因人因户施策，确保减贫政策精准覆盖贫困人口，才能让贫困人口得到及时帮扶，提高减贫成效。2013年11月3日，习近平总书记来到湘西土家族苗族自治州花垣县十八洞村，同村干部和村民代表亲切拉家常、话发展，在这里他首次提出"精准扶贫"，为新时期中国扶贫工作指明了方向。

中国历来重视扶贫工作，把人民福祉当作头等大事。但是不同阶段要解决的具体任务不同，在总体上呈现出从追求平等、公平的救济式扶贫到促进区域发展、能力提升的开发式扶贫，再到精准扶贫、精准脱贫的阶段性演进。这种阶段性演进主要是国家经济社会发展条件的不断发展和完善所决定的。

1949年到1978年，主要是以制度改革解决农村普遍贫困。1949年，中华人民共和国成立，当时的中国一穷二白、百业凋敝。这一时期的主要任务是破旧立新，消除农民贫困的制度性障碍。通过农村土地制度改革，消除农民无地的制度性障碍。同时改善农村基础设施，发展教育卫生事业，推广农业技术，建立社会保障体系，农村居民生存状况大为改善。该阶段，粮食总产量增加 1.69 倍、婴儿死亡率下降 75％、人口预期寿命从 1949 年的 35 岁提高到 1978 年的 65 岁、温饱线以下农村人口比重从 80％ 降低到 30％。

1978 年到 2012 年，主要是把减贫与国家战略紧密结合，区域性整体贫困治理成效凸显。这期间，中国先后颁布实施《国家"八七"扶贫攻坚计划》和两个十年《中国农村扶贫开发纲要》，确立开发式扶贫方针，划定贫困县和集中连片特困地区，建立从中央到县的四级扶贫工作专责体系，形成跨农业、水利、交通、电力、通信等基础设施建设和科技、教育、卫生、文化等社会发展领域的议事协调机制，在国家战略层面推动有计划有组织的大规模扶贫行动。按照当时的扶贫标准，2010 年底，中国农村贫困人口减少到 2 688 万人，贫困发生率降为 2.8％。

2012 年以来，结合当时的中国经济社会发展和减贫实际，开展精准扶贫。这一时期，中国经济社会快速发展，综合国力明显增强，社会保障体系更加健全，国家治理体系和治理能力现代化加快推进，为减贫事业发展奠定了坚实的人力、财力、物力基础，提供了有力制度支撑。同时，中国仍然面临严峻的贫困形势，面对的都是贫中之贫、坚中之坚，减贫进入啃硬骨头、攻坚拔寨的冲刺阶段，采用以往区域瞄准为主的常规思路和办法、按部就班推进难以完成任务，必须精准识别每个贫困人口，确保扶贫政策和措施精准覆盖到每个贫困人口，才有可能让最后一批贫困人口摆脱贫困。以习近平同志为核心的中共中央，把贫困人口全部脱贫作为全面建成小康社会、实现第一个百年奋斗目标的底线任务和标志性指标，明确到 2020 年现行标准下农村贫困人口实现脱贫、贫困县全部摘帽、解决区域性整体贫困的目标任务。这一阶段，精准扶贫工作逐渐向落实到人、"精准滴灌"转变，向分类施策、"靶向治疗"转变，增加了扶贫的针对性和有效性，创造了中国减贫史上的最好成绩，中国成为世界上减贫人口最多的国家。

"精准扶贫"并不是一帆风顺的，而是在不断摸索中逐渐完善的。为了解决精准扶贫实践中出现的各种问题，中国共产党的十八届五中全会、中央扶贫开发工作会议、党的第十九次全国代表大会、党的十九届四中全会四次重要会议均对脱贫攻坚作出重大决策部署。2012—2020 年，习近平总书记先后在陕西延安、贵州贵阳、宁夏银川、山西太原、四川成都、重庆和北京等地 7 次召开脱贫攻坚座谈会，分阶段、分专题部署推进工作。中共中央、国务院发布重要文件，明确目标任务和脱贫标准，对脱贫攻坚作出部署。2015 年，中共中央、国务院发布《关于打赢脱贫攻坚战的决定》；2016 年，国务院制定《"十三五"脱贫攻坚规划》；2018 年，中共中央、国务院印发《关于打赢脱贫攻坚战三年行动的指导意见》。

二、精准扶贫政策是什么

精准扶贫简单概括起来就是"六个精准""五个一批"战略。"六个精准"是扶持对象、项目安排、资金使用、措施到户、因村派人、脱贫成效六个方面的精准。"五个一批"是实施发展生产、易地搬迁、生态补偿、发展教育、社会保障兜底五个方面的举措。

（一）"六个精准"

"六个精准"主要是针对以往扶贫工作中出现的扶贫对象底数不清、扶贫项目偏离需求、扶贫资金跑冒滴漏、扶贫到户效果不佳、驻村帮扶形式主义和扶贫资源分配不公等问题的有效回应。中国以往的扶贫实践无法准确定位贫困人口、无法精准分析致贫原因并采取合理的帮扶项目和措施，帮扶资金的合理使用和帮扶效果也无法有效监督，导致一部分真正有需求的农村贫困人口无法获得相应的帮扶工作，相当一部分的贫困户存在着帮扶不力的问题。

精准扶贫的"精准"具体是指以下六个方面：

一是扶持对象精准。要使精准扶贫有效，就必须准确地找到要扶持的贫困家庭和人口。精准扶贫的贫困标准既遵循国际做法，也根据中国实际情况进行划定，贫困标准将收入作为主要识别依据，同时结合了"两不愁三保障"，既考虑农户的收入水平和消费状况，也考虑家庭成员的健康、教育、能力、家庭负担、财产状况。

二是项目安排精准。精准扶贫坚持因户因人制宜，根据贫困户和贫困人口的实际需要进行有针对性的项目帮扶，在找准每个贫困家庭致贫原因的基础上选择对应的帮扶项目。比如，对于完全丧失劳动能力或部分丧失劳动能力的贫困家庭，需要通过资产收益扶贫和社会保障来保证其基本生活，并通过合作医疗和大病保险（救助）来维持其基本的健康状况；对于生产和生活环境恶劣，一方水土养不活一方人的地区，则重点通过移民搬迁来解决基本生存条件的问题，并对搬迁后的生产和就业进行重点扶持；对于所有贫困家庭，都需要帮助解决儿童的营养、健康和教育问题，以阻断贫困的代际传递。

三是资金使用精准。保证扶持项目得到实施就必须有相应的资金支持。精准扶贫面对的是 2 000 多万户贫困家庭，致贫原因千差万别，对扶持项目和扶持方式的需求大不相同。要保证精准扶贫有效性和可持续性，必须根据贫困户的实际情况因户因人制宜安排项目和资金，使资金精准使用。精准扶贫将资金的分配和使用权下放给对贫困户的情况最了解的基层政府，让其根据实际情况确定项目和分配资金。同时，由于致贫因素的综合性和复杂性，贫困农户通常需要多方面的扶持，例如，除了创收项目外，还需要培训和教育扶贫、医疗扶贫、社会保障等，精准扶贫则对各个行业部门的资金进行捆绑和整合，以便于综合扶持。

四是措施到户精准。要保证精准扶贫的效果，仅仅确定扶持项目和提供扶持资金还是不够的。以往的扶贫经验表明，很多扶贫项目不仅难以到户，到户后效果也很差，主要原因是贫困户在发展生产中面临诸多的障碍，他们缺技术、缺资金、缺市场信息、缺市场经济的理念和行为方式。为此，精准扶贫进行了诸多探索。例如，在产业发展和创收方面，重点探索如何将贫困户纳入现代产业链中，解决贫困农户经常面临的信息、技术、资金、市场等方面的困难。如采用公司＋合作社＋贫困户的产业组织模式，专业化的公司和合作社可以帮助贫困农户解决信息、生产技术、产品销售甚至资金方面的问题，贫困户只需要在公司和合作社的指导下提高产量和保证产品的品质大大降低了贫困户发展产业的门槛。针对一部分失去劳动能力和劳动能力较弱的贫困家庭，实施资产收益扶贫项目，将贫困地区的自然资源、公共资产（资金）或农户的土地和林地等资本化或股权化，交给公司、合作社和大户等经营主体进行经营，贫困农户按照股份或特定比例获得分红收益。

五是因村派人精准。精准扶贫是一项复杂的系统工程，它的成功实施需要强有力的组织保障。大量的扶持项目和措施都需要由村一级来具体实施，村级组织的能力是影响精准扶贫效果的关键因素之一。由于贫困村经济社会发展相对滞后，大量年轻人外出就业，导致贫困村干部普遍年龄大、文化程度低、能力较弱，贫困村的村级治理能力长期处于不断弱化的状态。为此，上级政府通过向贫困村选派第一书记和驻村工作队在短期内大幅度提高贫困村的管理水平，有利于精准扶贫工作的实施。

六是脱贫成效精准。精准扶贫的目的就是要使贫困人口到2020年全部脱贫，并且要保证扶贫成果真实可靠，具有可持续性。精准扶贫坚持对脱贫效果进行科学的考核和评估，防止成果造假和贫困人口被脱贫现象的发生。制定明确和可量化的脱贫标准，并组织和动员社会力量参与贫困的动态监测、分析和评价。

（二）"五个一批"

一是实施发展生产脱贫一批。产业是扶贫的治本之策。精准扶贫提出要按照因地制宜、因村因户因人分类施策要求，支持和引导贫困地区发展特色产业，按照"一村一品、一户一业"的发展方向，针对贫困村和贫困户，准确筛选特色产业，积极推动光伏扶贫、旅游扶贫、电商扶贫等新兴业态和产业的蓬勃发展。

二是实施易地搬迁脱贫一批。一些贫困地区生存条件恶劣、自然灾害频发、交通闭塞，不具备基本发展条件，使得该生产空间难以实现有效的生产活动，存在一方水土养不了一方人的困境。精准扶贫方略提出通过空间规划从根本上改变贫困人口的生产生活条件，坚持群众自愿原则，合理制定搬迁规划和搬迁规模，积极稳妥选择搬迁安置点。同时做好后续扶持政策，为搬迁对象提供创业就业、产业发展、科技培训等，使贫困地区群众在搬出的同时还能实现既稳定住所又能实现有致富途径。

三是实施生态补偿脱贫一批。生态环境脆弱和重点保护地区，生态问题是众多致贫原因中的突出问题，这些地区脱贫难度大，贫困程度深。精准扶贫提出坚持保护生态环境就是发展生产力，通过加大重点生态功能区转移支付力度，建设国家公园等扶贫措施，将有劳动能力的贫困人口转化为生态保护人员的目标，从而实现生态保护和扶贫的双赢。

四是实施发展教育脱贫一批。短期脱贫靠打工，中期脱贫靠产业，长期脱贫靠教育。精准扶贫着力提升贫困地区学校、学位、师资、资助等保障，通过贫困地区义务教育普及、加强学校基础设施建设、加大学生资助、建强教师队伍、发展职业教育等举措，实现教育扶贫全方位覆盖，通过志智双扶，逐步改变贫困地区落后的教育观念。

五是实施社会保障兜底一批。社会保障兜底作为一项至关重要的底线任务，承担着不可或缺的责任。精准扶贫针对处于贫困状态并且有特殊需求的贫困群体，尤其对于全部或者部分丧失劳动能力者，充分落实社会保障。

三、精准扶贫政策的适用对象

精准扶贫是一套全面系统的政策体系，既有针对区域的整体性帮扶政策，也有到户到人的个体性帮扶政策。具体来看，根据层级的不同，精准扶贫政策的适用对象可以从区域、县域、村级和户级四个层面来进行阐述。

（一）区域对象

中国的贫困分布带有明显的区域性特征，解决区域性贫困是"精准扶贫"的重要任务之一。精准扶贫以来，中国的区域性帮扶对象主要有两个：一个是集中连片特殊困难地区，一个是深度贫困地区。

1. 集中连片特殊困难地区

中国集中连片特殊困难地区共有 14 个，包括六盘山片区、秦巴山片区、武陵山片区、乌蒙山片区、滇桂黔石漠化片区、滇西边境片区、大兴安岭南麓片区、燕山-太行山片区、吕梁山片区、大别山片区、罗霄山片区，以及已经实施特殊扶持政策的西藏、四省藏区和新疆南疆三地州。这些地区生态环境脆弱，生存条件恶劣，自然灾害频繁，基础设施和社会产业发展明显滞后，贫困程度深。中国对 14 个集中连片特困地区，统筹整合资源，政策倾斜支持，打破了行政区域规划带来的贫困治理困难。

2. 深度贫困地区

深度贫困地区主要是指"三区三州"。"三区"是西藏、南疆四地州（和田、阿克苏、喀什地区和克孜勒苏柯尔克孜自治州）及四省藏区（青海、四川、甘肃、云南），"三州"是四川凉山州、云南怒江州、甘肃临夏州。深度贫困地区，不仅贫困发生率高、贫困程度深，也是脱贫攻坚中最难啃的"硬骨头"。为了解决这些地区的脱贫问题，中国瞄准制约深度贫困地区精准脱贫的重点难点问题，列出清单，逐项明确责任，对账销号。

（二）县域对象

县域是中国贫困治理的基本单元，确定贫困县是中国扶贫开发瞄准的重要手段之一。中国第一次确定贫困县是在 1986 年，此后陆续进行过几次调整，2014 年国务院扶贫开发领导小组办公室（简称国务院扶贫办）确定了全国 832 个贫困县。通过精准帮扶，832 个贫困县在 2020 年全部脱贫。

（三）村级对象

精准扶贫期间，中国共有 12.8 万个贫困村。与非贫困村相比，贫困村往往面临着基础设施和基本公共服务薄弱、产业发展水平低、基层组织凝聚力战斗力不足等多重制约性因素。针对贫困村的薄弱之处，确定具体政策举措，同时每个贫困村派驻"第一书记"和驻村工作队，提升贫困村的整体发展水平。

（四）户级对象

精准扶贫期间，中国第一次形成了以"户"为单位的精准帮扶机制。因户施策成为精准帮扶的最关键手段，注重福利状态的改变，不仅仅以收入水平来衡量贫困，关键突出以"两不愁三保障"的综合指标治理贫困。

四、精准扶贫政策解决的核心问题

（一）如何真正实现贫困瞄准

贫困瞄准是世界减贫难题。如何在茫茫人海中精准找到每一个贫困人口？为了做到这件事，中国采取对贫困人口建档立卡（即精确建立每个贫困户电子档案）的方式来确保每个贫困人口都能得到及时帮扶。

建档立卡是实现精准识别的一条科学有效的路径，但是中国在建档立卡信息采集的过程中由于信息不对称等种种原因，开始采集的贫困人口信息并不精准。通过一轮轮的查漏补缺，最终中国对每个贫困人口建档立卡，实现了对贫困人口的精准识别和精准管理，建立了覆盖 28 个省（自治区、直辖市）近 9 000 万贫困人口的大数据，同时构建了统一的全国扶贫开发信息系统，并且实现了与公安、住建、民政、人社、残联、卫健、教育、商务等行业部门的数据交换。每个贫困户档案涵盖了贫困户家庭人口情况、致贫原因、帮扶措施、脱贫成效等 100 多条信息，记录了 2013 年至今扶贫对象及历年变化的基础信息，管理数据 200 多亿条。

总的来说，精准识别的实现得益于大量人员的投入（脱贫攻坚期间，中国每年投入几百万干部入户调查每一家的信息），也得益于行业部门数据交换机制和扶贫对象动态管理工作机制。中国的贫困瞄准是通过逐年迭代，从不太精准到基本精准到比较精准，才逐步实现精准识别的。

（二）如何激发内生动力

脱贫致富终究要靠贫困群众用自己的辛勤劳动来实现。贫困地区和贫困人口往往有内生动力不足的问题，部分贫困户存在"等靠要"思想，主动脱贫的积极性不强，主动参与脱贫工作的意识不强。为此，2017 年 6 月 23 日，习近平总书记在山西省太原市主持召开深度贫困地区脱贫攻坚座谈会，提出要加大内生动力培育力度。中国在精准帮扶的过程不断完善优化帮扶政策，兜底帮扶与激发内生动力统筹考虑。

一是开展志智双扶。实施教育扶贫工程、"雨露计划"，增强贫困群众的脱贫知识和技能，进而改变贫困群众的精神文明风气和面貌，摆脱根深蒂固的贫困文化，推动移风易俗、培育文明乡风，强化"幸福生活是奋斗出来的"理念等扶志举措，增强和激发贫困人口的脱贫志气和信心，从"要我脱贫"向"我要脱贫"转变，激发贫困群众内生发展动力，消除贫困人口的精神贫困，实现贫困人口的长期脱贫、可持续脱贫。

二是培育提升产业。扶贫产业是增强脱贫地区和脱贫群众内生发展动力的重要支撑。中国通过选准发展方向，特别是依托农业农村特色资源，选好经营模式，健全并落实好联农带农机制，坚持以产业发展带动贫困人口可持续脱贫。

三是积极扩大就业。就业是增强脱贫地区和脱贫群众内生发展动力的现实途径。精准扶贫期间，中国持续扩大有效投资和拉动内需的各项政策，坚持就业优先战略，持续实施就业帮扶专项行动，支持建设一批培训基地和技工院校，扩大技工院校招生和职业教育培训规模。通过就业实现贫困人口增收。

（三）如何实现深度贫困地区脱贫

"三区（即西藏自治区，青海、四川、甘肃、云南四省藏区，新疆维吾尔自治区的和田地区、阿克苏地区、喀什地区、克孜勒苏柯尔克孜自治州四地区）三州（四川凉山州、云南怒江州、甘肃临夏州）"，是中国的深度贫困地区，不仅贫困发生率高、贫困程度深，而且基础条件薄弱、致贫原因复杂、发展严重滞后、公共服务不足，脱贫难度更大。为了解决这些地区的脱贫问题，中国瞄准制约深度贫困地区精准脱贫的重点难点问题，列出清单，逐项明确责任，对账销号。坚持重大工程建设项目继续向深度贫困地区倾斜，特色产业扶贫、易地扶贫搬迁、生态扶贫、金融扶贫、社会帮扶、干部人才等政策措施向深度贫困地区倾斜。

2017年6月23日，中国领导人习近平总书记主持召开深度贫困地区脱贫攻坚座谈会并发表重要讲话，就攻克坚中之坚、解决难中之难、坚决打赢脱贫攻坚战作出部署安排。随后，出台了《关于支持深度贫困地区脱贫攻坚的实施意见》，对深度贫困地区脱贫攻坚工作作出全面部署。具体举措包括以下几个方面：

一是中央统筹，重点支持"三区三州"。新增脱贫攻坚资金、新增脱贫攻坚项目、新增脱贫攻坚举措主要用于深度贫困地区。加大中央财政投入力度，加大金融扶贫支持力度，加大项目布局倾斜力度，加大易地扶贫搬迁实施力度，加大生态扶贫支持力度，加大干部人才支持力度，加大社会帮扶力度，集中力量攻关，构建起适应深度贫困地区脱贫攻坚需要的支撑保障体系。

二是落实行业主管责任，对深度贫困地区问题统筹支持解决。重点解决因病致贫、因残致贫、饮水安全、住房安全等问题，加强教育扶贫、就业扶贫、基础设施建设、土地政策支持和兜底保障工作，打出政策组合拳。

三是地方统筹整合资源，集中力量解决本区域内深度贫困问题。落实脱贫攻坚省负总责的主体责任，明确本区域内深度贫困地区，加大投入。加强驻村帮扶工作，调整充实第一书记和驻村工作队。实施贫困村提升工程，推进基础设施和公共服务体系建设，改善生产生活条件，发展特色优势产业，壮大村集体经济。

（四）如何巩固拓展脱贫攻坚成果

2020 年末，中国现行标准下的农村贫困人口全部实现脱贫，832 个贫困县全部摘帽，绝对贫困被消灭。但是，消除绝对贫困的成就是在超常规政策支持和投入的基础上取得的，脱贫攻坚期内的成就尚不牢固，如果缺乏持续的政策支持和投入，将存在返贫风险。同时，贫困地区各项事业发展总体还处在探索起步阶段，自身发展能力较为薄弱，可持续脱贫的能力仍需加强。

如何防止脱贫地区和脱贫人口返贫？脱贫攻坚战取得全面胜利后，中国设立了5年过渡期，保持主要帮扶政策总体稳定。过渡期内，脱贫县摘帽不摘责任、摘帽不摘政策、摘帽不摘帮扶、摘帽不摘监管。健全防止返贫动态监测和帮扶机制，对于脱贫不稳定户、边缘易致贫户，以及因病因灾因意外事故等刚性支出较大或收入大幅缩减导致基本生活出现严重困难户，做到早发现、早干预、早帮扶，防止返贫和产生新的贫困。做好易地搬迁后续扶持，确保搬迁群众稳得住、有就业、逐步能致富。坚持和完善驻村第一书记和工作队、东西部协作、对口支援、社会帮扶等制度。继续加强扶志扶智，激励和引导脱贫群众靠自己努力过上更好生活。开展巩固脱贫成果后评估工作，压实各级党委和政府责任，坚决守住不发生规模性返贫的底线。

◎ 第二章 通过精准识别、建档立卡 解决"扶持谁"的问题

精准识别是中国打赢脱贫攻坚战至关重要的第一个环节。2014 年，中国组织 80 多万干部进村入户，共识别 12.8 万个贫困村，2 948 万贫困户、8 962 万贫困人口，基本摸清了中国贫困人口分布、致贫原因、脱贫需求等信息，建立起了全国统一的扶贫开发信息系统。2015—2016 年，为了更加精准、动态识别贫困人口，全国动员近 200 万人开展建档立卡"回头看"工作，即重新审视检查建档立卡贫困户的准确性、精准性、完整性，补录贫困人口 807 万，剔除识别不准人口 929 万。2017 年，组织各地对 2016 年脱贫不实开展自查自纠，245 万标注脱贫人口重新回退为贫困人口。在这个过程中，建档立卡是重大的探索创新，使中国贫困数据第一次实现了到村到户到人，为中央和地方制定精准扶贫政策措施、实行最严格考核制度和保证脱贫质量打下了基础，提升了贫困治理能力和治理水平，产生了一系列的溢出效应，为世界贫困治理提供了中国智慧和中国方案。

一、政策内涵

建档立卡就是根据特定的识别标准和识别程序，精准科学地识别出贫困县、贫困村、贫困户，并为其建立统一的纸质和电子信息档案，以此为基础构建全国扶贫开发信息系统，并对扶贫全过程各方面进行记录和管理。

精准识别标准会在保障生存需要的前提下纳入发展需要的因素，由此识别出的地区和家庭，即为需要帮扶的贫困地区和贫困户。全国有统一的识别标准，各地可以在此基础上根据实际情况调整完善。识别程序是科学民主和公平透明的，要保证所有的地区和家庭都进入考察的范围，从而全面筛选出最需要帮助的贫困地区和贫困户。

贫困家庭的信息档案内容是该贫困户的基本信息，包括家庭成员的姓名、性别、年龄、健康状况、家庭收入、支出和该贫困户陷入贫困的原因、政府及社会对其的帮扶措施和效果等。因此，建档立卡系统需要经常更新和数据维护，从而保证及时跟进贫困家庭的最新情况。

二、解决的主要问题

精准识别政策解决的核心问题是科学识别贫困地区和贫困人口。对于贫困人口规模庞大的国家，找准贫困人口、因人因户施策是普遍性难题。为了解决"扶持谁"的问题，科学精准地找到确需扶持帮助的贫困地区和贫困人口，中国建立起全国统一的扶贫信息系统，通过建档立卡精准瞄准了脱贫攻坚的对象。

三、适用范围

（一）贫困县认定范围

贫困县的识别，可用于在全国范围内科学识别贫困区域。2014 年，中国《扶贫开发建档立卡工作方案》发布，明确贫困县包括 592 个国家扶贫开发工作重点县和 680 个连片特困地区县，总数为 832 个（其中有 440 个贫困县，既是国家扶贫开发工作重点县，又是连片特困地区县）。

一是国家扶贫开发工作重点县。国家扶贫开发工作重点县的识别标准主要考虑全县农民人均纯收入，兼顾其他因素，以及中国国家层面和各省级政府的总体考虑和调配。1986年第一次划定识别标准、确定贫困县，此后进行过三次调整。1986年，中国正式成立了专门的扶贫机构，确定贫困县的识别标准是：按照1985年农民人均纯收入计算，农区县低于150元，牧区县低于200元，革命老区县低于300元，即为贫困县。据此，在全国范围内确定了331个国家重点扶持贫困县。1994年，中国颁布实施《国家八七扶贫攻坚计划（1994—2000年）》，对贫困县进行了一次调整。识别标准是：按照1992年农民人均纯收入计算，超过700元的县一律退出，不再认定为贫困县；低于400元的县全部纳入，确定为贫困县。据此，在全国范围内确定了592个国家重点扶持贫困县，这些县集中在少数民族地区、革命老区、边境地区和特困地区（通常合称为"老少边穷"）。2001年，中国颁布实施《中国农村扶贫开发纲要（2001—2010年）》，对国家重点扶持的贫困县进行第二次调整。这次没有确定具体的识别标准，而是发挥了国家的宏观调度作用：对于相对发达的东部地区，不再确定国家级重点县；对于发展最为落后的西藏自治区，全部县都认定为国家扶贫开发工作重点县。据此，在全国范围内确定了592个国家重点扶持贫困县。2011年，中国颁布实施《中国农村扶贫开发纲要（2011—2020年）》，对国家重点扶持的县进行第三次调整。这次调整也没有确定具体的识别标准，而是把贫困县认定的权力下放到了各省级政府，允许各省根据实际情况，在各省贫困县总量保持不变的前提下，让发展相对较快的贫困县退出贫困县序列，让发展相对落后的非贫困县进入贫困序列。这次调整，原贫困县共调出38个，原非重点县调进38个，国家扶贫开发工作重点县总数仍为592个。

二是连片特困地区县。集中连片特困地区是指贫穷程度特别深、自然地理相连、气候环境相似、传统产业相同、文化习俗相通、致贫因素相近的县（市、区）形成的区域。进入集中连片特困地区的县（市、区），即为贫困县。2011 年，中国政府划分了 14 个集中连片特困地区，包括六盘山区、秦巴山区、武陵山区、乌蒙山区、滇桂黔石漠化区、滇西边境山区、大兴安岭南麓山区、燕山-太行山区、吕梁山区、大别山区、罗霄山区、西藏、四省藏区、新疆南疆四地州。识别标准是：2007—2009 年三年的人均县域国内生产总值、人均县域财政一般预算性收入和县域农民人均纯收入，这 3 项指标如果均低于同期西部平均水平，则可以根据地理和人文特点，纳入某个集中连片特困地区。在划分过程中，采用了增加权重的办法，对少数民族县、革命老区县和边境县适当予以倾斜。据此，进入以上 14 个片区的县共有 680 个，其中国家扶贫开发工作重点县有 440 个。

（二）贫困村认定范围

贫困村的识别，综合考虑行政村贫困发生率、村民人均纯收入和村集体经济收入等情况。原则上按照"一高一低一无"的标准进行，即行政村贫困发生率比全省贫困发生率高一倍以上，行政村全村农民人均纯收入低于全省平均水平的 60%，行政村无集体经济收入。

在具体操作中，采取规模控制的方法，即各省级扶贫开发领导小组研究确定本省贫困村的规模，并由省扶贫办报国务院扶贫办核定，之后将这个数量逐级分解到乡镇。原则上，北京、天津、辽宁、上海、江苏、浙江、福建、山东、广东等东部 9 省（直辖市）贫困村的数量控制在本省行政村总数的 15% 左右；河北、山西、吉林、黑龙江、安徽、江西、河南、湖北、湖南、海南等中部 10 省的数量控制在本省行政村总数的 20% 左右；内蒙古、广西、重庆、四川、贵州、云南、西藏、陕西、甘肃、青海、宁夏、新疆等西部 12 省（自治区、直辖市）的数量控制在本省行政村总数的 30% 左右。

（三）贫困户认定范围

贫困户的识别，以农户家庭为单位，以家庭收入为基本依据，综合考虑住房、教育、健康等情况，确定了收入和"两不愁三保障"的多维识别标准。

具体来看，收入方面以 2010 年农民人均纯收入 2 300 元（2010 年不变价，2014 年为 2 800 元）为标准线，家庭成员平均收入低于 2 300 元即为贫困户，超过 2 300 元的还要综合考虑住房、教育、健康、生产生活等情况。"两不愁三保障"是指不愁吃不愁穿，教育基本医疗住房安全有保障。不愁吃是指平常能吃得饱且能适当吃好，饮水安全达到当地农村饮水安全评价标准；不愁穿是指一年四季都有应季的换洗衣物和御寒被褥；义务教育有保障是指适龄儿童能够接受九年制义务教育；基本医疗有保障是指常见病、慢性病能获得及时诊治，得了大病、重病基本生活有保障；住房安全有保障，不住危房。

四、实施过程

（一）贫困县识别流程

贫困县识别，由中央统一实施。确定为贫困县的地区，每年要填写《贫困县监测表》，录入全国扶贫信息网络系统，并常态化进行数据更新，内容包括基本情况、发展现状、基础设施、公共服务、帮扶情况和扶贫成效等方面。

（二）贫困村识别流程

贫困村识别，按照"省负总责"的要求，由省级扶贫开发领导小组研究确定本省贫困村规模，报原国务院扶贫办核定，采取规模控制，各省将贫困村识别规模逐级分解到乡镇，符合条件的行政村采取"一公示一公告"的程序进行，即村申请、乡镇自评、县级审核公示、市审定、县级公告等。

（三）贫困户识别流程（图2-1）

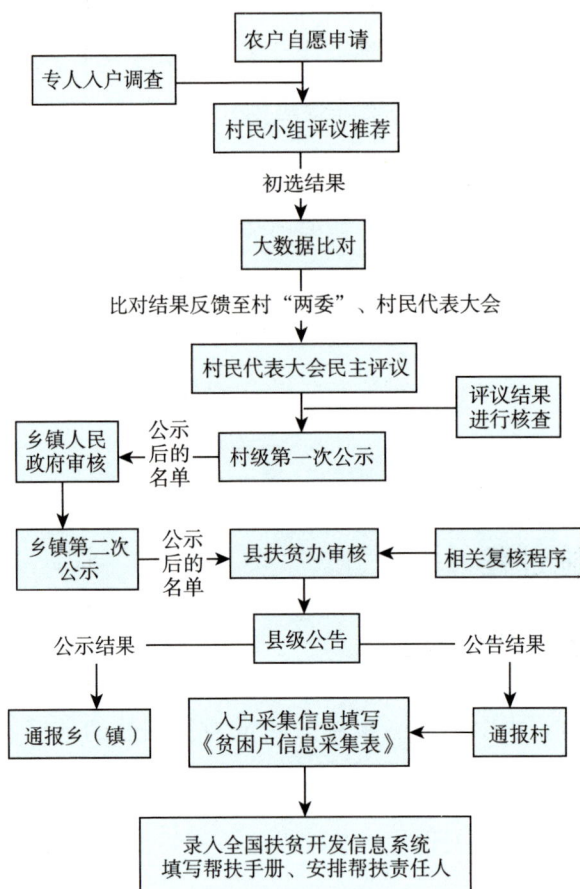

图2-1　贫困户识别流程图

注：各地根据实据情况可能不同。

1. 通过统计数据预估贫困人口规模

中国按照国家统计局通过贫困监测推算的 2013 年底 8 249 万贫困人

口为基数，预估全国贫困人口大致的总体规模①。

2. "规模控制、逐级分解"

采取规模控制、逐级分解的方法，依据国家统计局 2013 年农村贫困人口总体规模和分省数据，各地将贫困人口规模逐级分解到行政村。

3. 在村一级"整户识别"、建档立卡

在识别过程中，一般按照农户申请、民主评议、公示公告、逐级审核的方式，进行整户识别。2014 年，共识别了贫困户 2 932 万户、贫困人口 8 862 万人，并录入扶贫业务管理系统，实行信息化、动态化管理②。

（四）通过技术手段、责任机制不断提升识别精度

2014 年启动实施建档立卡工作，首次摸清了全国贫困人口的分布、致贫的原因、脱贫的需求等基本情况。但是由于初期顶层设计、体制机制、干部群众认知等方面的因素，建档立卡并没有实现完全精准。随后，中国通过系列举措逐步提升贫困识别的精准程度。

1. 开展建档立卡"回头看"

在国务院扶贫办的指导下，中国从 2015 年 8 月到 2016 年 6 月，用了近一年时间进行了建档立卡"回头看"，即重新审视检查建档立卡贫困户的准确性、精准性、完整性，对不符合条件的贫困户予以清退，对符合条件的、最初没有纳入的予以纳入。

---

① 在 2014 年之前，国家贫困人口的数量是国家统计部门通过抽样调查推算的，即国家统计局开展贫困监测，通过抽样调查对农户收入进行登记，然后推算全国的贫困人口数量，2011 年，国家统计局推算的贫困人口总数是 12 238 万人，2012 年下降到 9 899 万人，2013 年为 8 249 万人（这也是建档立卡时，国家预估的贫困人口规模总数），2014 年下降到 7 017 万人。

② 因此，脱贫攻坚期间，中国有两套有关贫困人口的数据。一套是国家统计局通过抽样调查推算的数据，这套数据国家用来掌握总体情况，对外公开发布，是具有法律效力的统计数据。另一套是建档立卡信息系统的数据，这套数据是直接到人到户的，基层干部在不断地更新，因此也是随时变动的，我们用它来指导具体的工作，是指导实际工作的工作数据。两套数据的产生方式不一样，但都从不同的侧面比较准确地反映了实际情况。

2. 常态化开展动态管理

中国从 2017 年起，建立了常态化的动态调整机制，开展年度扶贫对象动态管理和信息采集工作，并根据当前的工作需求，设定年度任务重点。

2017 年开展"脱贫不实人口"回退和"档外"贫困人口识别，新识别贫困人口 700 多万。

2018 年重点开展脱贫措施采集工作，回答了"脱贫人口靠什么脱贫"的问题，平均每个贫困户享受脱贫措施 6～7 项。同时，2018 年增加了利用扶贫开发信息系统手机 APP 完成信息核准及贫困户、贫困村的地理信息位置采集工作。

2019 年开始，贫困识别、防返贫工作常年开展，以便新致贫和返贫的贫困人口能够得到及时帮扶，标注了 168 万脱贫不稳定人口，识别了 243 万在识别标准边缘的易致贫户人口，共摸排了 411 万"两类人群"，2019—2020 年采集了这两类人员的基础信息以及返贫（致贫）风险等信息，并建立了数据库。

3. 不断完善识别方法

中国对贫困识别标准和程序进行不断完善，不以收入作为单一的识别标准，而是建立了收入、"两不愁三保障"的多维识别标准，以此更加科学精准地识别贫困人口。贫困识别程序也不断规范，民主评议、公示公告等环节确保精准识别公开公平公正，减少了失职渎职和优亲厚友。

全国扶贫开发信息系统逐渐丰富采集内容，从 2017 年之后，国务院扶贫办每年都会开展扶贫对象动态管理和信息采集工作，提高建档立卡系统完整性准确性，内容主要包括贫困户脱贫、新识别、返贫，贫困户出列，以及贫困户家庭成员的自然变更工作。信息采集主要是针对贫困户发生变化的信息，以及新识别贫困户（人口）的基础信息。

4. 深度使用扶贫大数据，以用促精准

国务院扶贫办在全国范围内构建了一个覆盖中央、省、市、县、乡镇、行政村的六级业务网，包含扶贫对象管理、扶贫项目管理、扶贫资金管理三大应用模块，实现了对扶贫对象的动态管理、对扶贫资源合理配置，为创新扶贫开发方式，提高资金、项目的使用效能提供有效支撑。各级扶贫部门可以按权限进行建档立卡、项目资金等业务办理、提交审批事项、分析调度业务工作、挖掘汇总统计数据、开展绩效评估监测等，确保精准扶贫的各项政策有效落实。各行业相关部门可以精准有效实施扶贫特惠政策，支撑了易地扶贫搬迁、小额信贷、光伏扶贫、创业致富带头人、扶贫资金管理等扶贫业务信息化，支撑东西部扶贫协作、中央单位定点扶贫、扶贫系统因公殉职人员等信息采集。各级监管部门可以监管扶贫项目、资金，保证扶贫资金安全、有效运行。贫困群众可以申报扶贫项目、获取扶贫信息资源、进行互动交流、提交投诉建议、参与监督等，增强摆脱贫困的意识，提高扶贫脱贫的参与度。社会公众可以获取扶贫信息资源、互动交流、开展众筹、扶贫济困等，构建大扶贫的网络格局。

建立跨部门的信息比对共享机制。中国的农村是各类信息最不精确的区域，家庭信息摸排难度大。针对此问题，国务院扶贫办分别与民政部、残联、卫健委、教育部、人社部、公安部、住建部等部门建立了信息共享机制，很多地方搭建了部门数据关联互通平台，开展数据比对和交换。通过数据比对，一方面，提高了贫困识别的精准度，提高了数据的真实性和准确性。例如，2015 年广西组织扶贫、公安、住房城乡建设、工商、税务、交通管理等部门，采用大数据技术，对各地上报的贫困识别对象开展联合数据比对，检索出"疑似贫困户"但未纳入建档立卡的 50 万户，剔除不应该识别为建档立卡贫困户的 62 万多人。另一方面，有利于推动行业部门更加精准地帮扶贫困对象，为贫困人口户籍管理、残疾证办理、辍学生劝返和行业部门帮扶政策出台等提供了有力支持。同时，跨部门的大

数据信息，也可以实现从地域、民族、年龄、收入、健康状况、致贫原因、生产生活条件、公共服务、帮扶单位驻村工作队落实情况等多个维度，对贫困户、贫困村开展统计分析工作。通过数据分析和部门间的数据比对，为扶贫开发决策、扶贫资金分配和管理、扶贫开发项目库建设和实施、行业部门精准帮扶、扶贫开发工作成效考核提供了数据支撑和数据保障。

5. 开展广泛培训，提升数据采集质量

扶贫开发信息系统的数据采集和更新工作主要由各级扶贫干部完成。国务院扶贫办每年组织各级扶贫部门上百万工作人员，进村入户开展扶贫对象动态管理和信息采集工作，采集贫困户和贫困村的家庭信息、位置、影像、图片、视频等数据。一般情况下，采集员可以通过平板电脑、手机 APP 的方式实现终端数据采集工作，采集员的位置信息、实施的扶贫举措等数据也可实时更新上传；系统维护人员可以在系统后端，实现数据的即时处理、统计和分析。各级政府根据工作需要，组建了不同规模的信息员队伍，例如，2017 年，广西在全国率先组建了一支覆盖自治区、市、县、乡、村五级，共约 1.7 万人的扶贫信息员队伍，明确扶贫信息员发挥扶贫数据信息审核录入、扶贫对象动态管理、为各级党委政府提供各类脱贫攻坚数据等作用。

为提高各级扶贫部门对扶贫开发信息系统的理解和操作能力，2016—2020 年，国务院扶贫办共举办业务培训班 20 期，涉及学员约 2 900 人，内容包括解读信息化建设工作安排、通报数据质量以及全国扶贫开发信息系统有关功能的操作培训。先后到内蒙古、吉林、黑龙江、浙江、安徽、江西、湖南、广西、海南、四川、西藏、甘肃、青海、宁夏、新疆等 15 个省（自治区、直辖市）举办的 40 多个培训班上，对信息系统的业务操作进行培训。参训人员主要来自省市县三级从事建档立卡工作的扶贫干部，共约 13.3 万人。2020 年考虑到防控新冠疫情的要求，采用视频方式举办培训工作，山西等省（自治区、直辖市）采用线上会议直播的方式组

织观看，总参训人员超过 11 万。在国务院扶贫办组织全国培训班的同时，各省也开展了分级培训。2014 年至今，每年至少有 300 万干部参与建档立卡工作。2016 年以来，国务院扶贫办举办的建档立卡业务培训，参训人员超过 25 万人次。大规模的培训提升了各地扶贫干部对于建档立卡和信息化建设的理解，提高了扶贫干部的业务能力，推动了建档立卡工作的高效开展。

6. 持续通过维护提升数据质量

国务院扶贫办持续组织开展扶贫开发数据清洗和整理工作，定期发布《全国扶贫开发数据质量报告》，通过数据自校验和互校验规则，查找问题数据。另外，各级扶贫部门还通过进村入户核实，查找和整改"账实不符"问题，极大地推动了全国扶贫开发大数据的完整性、准确性和真实性。2017 年 2 月以来，《全国扶贫开发数据质量报告》疑似问题数据显示，各地扶贫部门在全国扶贫开发信息系统中，已累计修改问题数据 1.3亿条（图 2-2）。

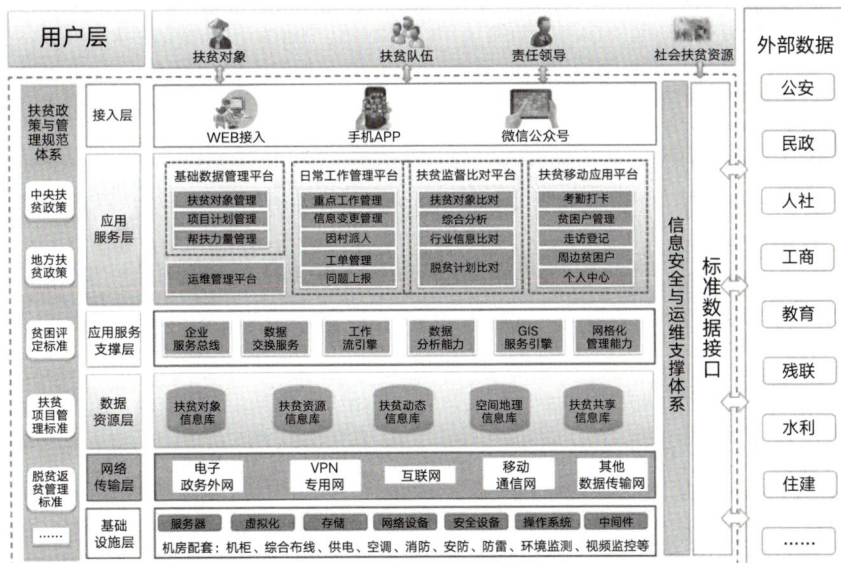

图 2-2 精准扶贫信息系统平台架构图

数据的深度使用直接服务了脱贫攻坚，扶贫开发信息系统汇集了各方面的海量信息，形成了一个庞大数据库，为脱贫攻坚责任落实、政策落实和工作落实提供了强大数据支撑，增强了决策实效，减轻了基层负担，提高了工作效率，确保了脱贫攻坚的顺利推进。一方面，为各级党委、政府决策提供了准确依据，为行业部门精准扶贫找准了路径，为完善落实"一户一策"明确了对象，为提高脱贫质量打牢了基础。另一方面，扶贫数据随用随取，也为考核评估、督查调查和普查交账提供了依据。

五、实施效果及注意事项

（一）实施效果

精准识别是中国打赢脱贫攻坚战至关重要的第一个环节。2014 年，中国组织 80 多万干部进村入户，共识别 12.8 万个贫困村，2 948 万贫困户、8 962 万贫困人口，基本摸清了中国贫困人口分布、致贫原因、脱贫需求等信息，建立起了全国统一的扶贫开发信息系统。2015—2016 年，通过"回头看"工作，补录贫困人口 807 万，剔除识别不准人口 929 万。2017 年，组织各地对 2016 年脱贫不实开展自查自纠，245 万标注脱贫人口重新回退为贫困人口。在这个过程中，建档立卡是重大的探索创新，使中国贫困数据第一次实现了到村到户到人，为中央和地方制定精准扶贫政策措施、实行最严格考核制度和保证脱贫质量打下了基础，提升了贫困治理能力和治理水平，产生了一系列的溢出效应，为世界贫困治理提供了中国智慧和中国方案。

（二）注意事项

一是需要预估贫困人口，再开展精准识别。中国用统计数据预估了贫困人口的规模，再分解任务，再建档立卡逐户识别。这种自上而下和自下而上相结合的方式，既能防止地方政府多识别贫困人口导致扶贫资源浪费，也能够防止少识别导致一些贫困人口被排除在政策之外。

二是要不断地维护提升数据质量，并通过使用数据促进数据质量提升。数据质量是精准识别和精准施策的基础，由于各种原因，农村往往是数据最难以精准的，因此需要不断地维护数据质量，特别是要在使用中提升数据质量。

三是要建立跨部门的信息比对共享机制。建立行业部门数据交换机制，切实推动了识别精准、帮扶精准、退出精准。通过大数据比对，例如某户医疗支出造成支出骤增，或者某人没有参与产业、没有进行就业，导致家庭收入骤减，都能及时发现，政府对此就可以及时干预、及时帮扶。

四是要严格建立约束、监督、问责机制，保障建档立卡工作质量。中国探索建立了考核机制、约束机制、退出机制、评估机制。这些机制构成较为完整的体系，事前、事中、事后全程规范，提高了识别精准度和退出精准度。为保障建档立卡工作质量，各地加大了以问责为主要手段的责任追究力度，也设立了 12317 监督举报电话，对举报事项，各级政府都会认真核查、督促解决。2014—2016 年，全国因建档立卡失职渎职和优亲厚友等处理 7 000 多人。2017—2020 年，中国各级纪检监察机关累计查处扶贫领域腐败和作风问题 32.2 万件，处理 44.5 万人。

六、典型案例

（一）各地创新探索识别标准

各地结合实际情况，在国家统一标准的基础上，因地制宜创新探索识别标准，更高效精准地辅助识别贫困户，并且在实践中不断完善应用。

贵州省威宁县迤那镇在实践中总结出了"四看法"：一看房、二看粮、三看劳动力强不强、四看家中有没有读书郎。看房，就是通过看农户的居住条件和生活环境，估算其贫困程度；看粮，就是通过看农户的土地情况和生产条件，估算其农业收入和食品支出；看劳动力强不强，就是通过看农户的劳动力状况和有无病残人口，估算其劳务收入和医疗支出；看家中有没有读书郎，就是通过看农户受教育程度和在校生现状等，估算其发展潜力和教育支出。

内蒙古自治区等地在"四看法"的基础上，增加了"五看家里有无病人躺病床"，即从家庭成员是否患病估算其务工收入和医疗支出情况。如果家庭有残疾、患病的或者年老体衰的人，就需要支付大笔的开销，可能导致家庭长期陷入贫困之中。

广东省韶关市在此基础上进一步总结了精准识别的"五优先""六进""七不进"。"五优先"是指具有下列情形的优先识别为贫困户：一是五保户和低保户优先；二是无房户和危房户优先；三是重大疾病和残疾户优先；四是因病返贫和因灾返贫户优先；五是因教和因老致贫户优先。"六进"是指具有以下情形的要进入建档立卡贫困户序列：一是家庭主要劳动力死亡、孩子未成年的农户要进；二是不符合五保条件的孤寡农户和单亲家庭要进；三是家庭主要劳动力长期生病、不能从事基本劳动的农户要进；四是丧失劳动能力的残疾人口占家庭人口一半以上的农户要进；五是住房不避风雨的农户要进；六是因自然灾害、突发事件造成家庭特别困难的农户要进。"七不进"是指具有以下情形的不能进入建档立卡贫困户序列：一是近三年内有标准住房或在城镇购买商品房的农户不能进；二是子女有赡养能力但不履行赡养义务的农户不能进；三是家庭拥有小汽车或大型农机具的农户不能进；四是直系亲属有吃财政饭的农户不能进；五是长期雇佣他人从事生产经营活动的农户不能进；六是对举报或质疑不能作出合理解释的农户不能进；七是有劳动能力但好吃懒做、抹牌赌博导致贫困的农户不能进。

（二）广西贫困户识别程序

一是宣传发动，提高农户意识。按照程序要求，驻村工作队在行政村、自然村（屯）或村民小组分别召开宣传动员会，宣传动员会上工作队员向农户发放精准识别贫困户宣传材料，不能到会的农户，村民小组长逐户登门宣传和发放宣传材料，确保精准识别工作家喻户晓。

二是"采取一进二看三算四比五议"的方法，进行入户识别。为了防止出现"人情分"现象，广西规定入户调查评分全由驻村工作队员完成，以村民小组为工作单元，工作队员以 2～3 人为 1 组，由 1 名村干部引导入户，对照《精准识别入户评估表》逐项评分，并经户主签名确认。一进：工作队员入户与户主及其他家庭成员进行交流，了解家庭情况、生活质量状况、子女读书情况、家庭成员健康情况等。二看：看室内，即看住房、家电、农机、交通工具等生产生活设施；看室外，即看水电路、农田、山林、种养等发展基础和状况。三算：算农户收入、支出、债务等情况。四比：与本村（屯）农户比住房、比收入、比资产、比外出务工等情况。五议：议评分是否合理，是否漏户，是否弄虚作假，是否拆户、分户、空挂户，家庭人口是否真实等情况。

三是两评议两公示，确保公正透明。为确保精准识别公开公平公正，广西在完成入户调查评分后，采取"两评议、两公示"的程序，增强精准识别的透明度。"两评议"：第一次是村民小组评议，第二次是行政村干部评议。分别由村民小组长或村干部和村第一书记或村党支部书记或村委会主任主持，评议代表由驻村干部、村干部、村民小组长、住村退休干部、村里德高望重的老人、老党员、人大代表、政协委员、妇女代表、驻村工作队员等 5～9 人（单数）组成，对本组农户评分的真实性、合理性，是否漏户、拆户、分户、空挂户现象，家庭人口是否准确等情况进行评议。各乡镇均设置监督电话，工作队员入户评分没有发现的问题，群众在评议、公示时可以举报、提出异议。"两公示"：第一次在村民小组公示农户分数，第二次在行政村、自然村（屯）或村民小组公示贫困户名单。对公示有异议的，由工作队员第二次入户，深入调查核实，进行妥善处理。评议公示结束后，将评议结果报乡镇。

四是财产检索确认，建档立卡公告。乡镇汇总各行政村报送的农户评分评议情况，逐级汇总报送至县市领导小组和省级领导小组。广西统一组织开展财产核查，把农户名单送公安、国土、房产、工商、财政等有关单位进行农户财产检索，检查申报农户是否存在拥有商品房、车辆、开办公司、体制内财政供养人员等八种情况，对这些农户原则上采取"一票否决"，直接剔除。省级、市级领导小组印发统一的贫困户分数线，各县根据本县各乡镇农户评分排序情况，确定各乡镇贫困户数和贫困人口数。各乡镇根据本辖区各行政村农户评分排序情况，对在分数线以下的农户进行抽验审核，审核后确认各行政村贫困户名单。各行政村组织村干部、村民小组长等对乡镇确认本村的贫困户名单进行再次审核，并在各行政村、自然村（屯）、村民小组等村民活动较集中地方进行公告。贫困户名单公告结束后，各乡镇填写贫困人口分布表报县汇总，报市级、省级备案。同时，县领导小组组织工作队再次入户对贫困户进行登记，逐户填写《贫困户建档立卡登记表》，完善贫困户信息。

（三）河南省扶贫信息系统与医保部门数据共享

河南省医保局与河南省扶贫办建立了跨部门数据共享机制，实现动态监测。经基本医保、大病保险、医疗救助报销后，年度内个人医疗费用累计负担超过上年居民人均可支配收入 50%、实际累计负担医疗费用超过上年居民人均可支配收入 100% 的低保对象、特困人员及低保边缘家庭成员和防止返贫监测帮扶对象，以及个人累计负担超过上年居民人均可支配收入 150%、个人实际负担医疗费用超过上年居民人均可支配收入 200%

的普通参保人员，将会被纳入监测预警。每月，医保局将纳入监测预警的人员有关信息反馈至当地扶贫办，作为扶贫办动态监测的重要参考依据，结合其他信息综合研判该户是否陷入贫困或返贫。

（四）精准识别是精准施策的基础

甘肃省康乐县郭家麻村村民马成明家中三人，分别为马成明 52 岁、妻子马色力买 49 岁、儿子马可来木 24 岁，马成明和马色力买文盲，儿子马克来木智力二级残疾，耕地 3.1 亩①。

2013 年精准扶贫开始后，由于儿子残疾、夫妻都是文盲仅仅从事农业生产收入低，经过评议等按程序进入建档立卡。当时马克来木在家需要人照顾，因为智力缺陷勉强完成小学学业。住房是 2010 年修建砖混正房四间、砖木偏房 2 间，共 90 平方米。院落未硬化、门前入户道路未硬化，白天晴天一身灰，雨天两腿泥是常事。自来水为当时几户人拉的小高抽，供水不稳定，水质安全更谈不上。

2013 年底建档立卡后，针对马成明致贫的主要原因开展了有针对性的帮扶，首先针对马克来木重度残疾情况，2015 年通过鉴定等手段办理了残疾证，并及时申报了每月 100 元的残疾人生活补助，在冬令春荒时节申报冬春生活补助，帮助解决了部分生活困难问题。

2016 年通过精准扶贫小额信贷贷款 5 万元，当时要发展养殖，因为水的问题暂时没有发展起来。通过 2017 年一年的埋设管道，动员户上挖井、装水龙头，到 2018 年初实现了麻山峡水源地向郭家麻村集中供水入户，目前水量足水质安全，通水后未发生大面积停水和水质不安全事情，这就为户上后续人畜饮水和开展养殖提供了有力的保障。

---

① 亩为非法定计量单位，1 亩＝1/15 公顷。

2018 年以来，通过每月至少 2 次的入户宣传和政策宣讲，城乡居民医疗保险和城乡居民养老保险马成明户上没有拖欠过，现在只要到了缴纳时间就主动向村委会缴纳，消除因病致贫和养老的后顾之忧，有效保证了脱贫攻坚任务的完成。针对地少的现实，先后按照奖补政策积极引导种植经济作物尤其是中药材，并利用康乐县畜牧和玉米秸秆产出优势大力引导进行家庭养殖，2018 年利用到户产业奖补，按照每亩奖补 1 000 元标准引导种植药材 2 亩，按照每亩奖补 500 元标准引导种植玉米 8 亩（多出的地均为租种），按照每头奖补 7 000 元标准引进能繁母牛 2 头，2019 年牛犊产出。

2019 年，政府鼓励马克来木和马成明外出务工，由其姐姐带到四川餐厅的马克来木务工 5 个月收入 4 000 元，马成明在兰州打零工 3 个月收入 4 500 元。通过对民政政策的认真学习掌握，知道了马克来木可以根据无法单独立户的重度残疾成年人单独纳入低保，为其积极申报了二类低保。加上出栏的牛，还有药材这些经济作物，全年收入 20 000 余元，顺利达到脱贫线，通过民主评议等程序经公示后退出，经过连续 6 年帮扶和自身努力顺利于 2019 年底脱贫。

2019 年，入户路通过一事一议项目进行了落实，马成明户上每平方米只出了 20 元。实施了一拆四改，修建了简易彩钢房。通过连续两年养殖，马色力买积累了很多很有用的经验，为更进一步让其学到科学化的知识，2020 年初在村委会进行了农业技术培训，马色力买参加了培训并取得了培训证。她养殖信心十足，于 2020 年 5 月引进了肉牛牛犊 5 头，目前养殖情况良好。由于新冠疫情影响 1—4 月户上未外出务工，为解决就业问题申请了新冠疫情期间开发的临时公益性岗位，3 个月收入 3 000 元。疫情结束后马克来木和马成明立即外出务工，马色力买养殖牛羊，目前预计全年收入至少 22 000 元以上，脱贫成果进一步得到巩固。马成明一家的情况是甘肃农村的一个缩影。孩子多、地少、在外经营风险高、受教育程度低，"一多一少、一高一低"是 2014 年前甘肃农村的真实写照。针对这些致贫原因，甘肃省结合每个贫困户的实际情况，对每户都提出了针对性的综合帮扶措施，帮助这些贫困户实现脱贫并实现可持续脱贫。

◎ 第三章 通过加强领导、建强队伍解决"谁来扶"的问题

通过精准识别和建档立卡解决了"扶持谁"的问题，那么，谁来帮扶被识别的贫困户呢？中国通过构建"中央统筹、省负总责、市县抓落实"的工作机制，打造"五级书记抓精准扶贫"的责任落实机制，向贫困村选派第一书记和驻村工作队，开展中央单位定点扶贫、东西部地区协作扶贫、社会力量参与扶贫，解决"谁来扶"的问题。

一、政策内涵

中央统筹、省负总责、市县抓落实的工作机制，强调中共中央、国务院负责统筹制定扶贫开发大政方针，出台重大政策举措。省级党委和政府对扶贫开发工作负总责，结合省情抓好目标确定、项目下达、资金投放、组织动员、监督考核等工作。市级党委和政府负责做好上下衔接、域内协调、督促检查工作。县级党委和政府承担扶贫主体责任，书记和县长是第一责任人，需要结合县域实际，做好进度安排、项目落地、资金使用、推进实施等工作。

"五级书记抓精准扶贫"的责任落实机制，即各级书记（省委书记、市委书记、县委书记、乡党委书记、村党支部书记）作为本层级最高负责人亲自抓扶贫工作，确保精准扶贫工作在本层级有效开展。

作为精准帮扶的重要组成力量，驻村帮扶、东西部扶贫协作、中央单

位定点扶贫和社会力量扶贫各有侧重。其中，驻村帮扶是指政府、社会组织、企业等力量派驻工作队伍或第一书记到贫困村，通过提供物质、技术、管理等方面的支持，帮助村庄发展产业、提升教育水平、改善卫生条件等，促进贫困居民生活质量提高。东西部扶贫协作是指中国的东部发达省市与西部贫困地区结对开展扶贫协作，以实现区域协调发展和消除贫困。中央单位定点扶贫是指中国政府充分发挥中央国家机关、企事业单位等中央单位的资源优势和专业特长，通过多种形式的帮扶活动，针对特定贫困县开展定点帮扶工作，以提高受帮扶县发展能力，促进脱贫致富。社会力量扶贫则是指动员和整合全社会的资源和力量，包括企业、社会组织和个人，共同参与到贫困地区和贫困人口的帮扶工作中，以实现减贫和促进社会公平。

二、解决的主要问题

对于大部分发展中国家而言，减贫涉及面广、要素繁多、极其复杂，必须解决好扶贫过程中各级政府、各行业主管部门职责划分和主动履职问题；必须解决好扶贫工作队伍能力建设不足问题；必须解决好贫困地区发展资源短缺难题；需要在全社会形成主动关心、主动参与扶贫的良好氛围。

中国通过构建"中央统筹、省负总责、市县抓落实"的工作机制建立起分工明确、体系严谨的领导责任制；通过五级书记抓精准扶贫逐级实现责任落实；通过向贫困村选派第一书记和驻村工作队，强化了农村扶贫队伍建设；通过定点扶贫推动中央单位发挥单位、行业优势支持贫困地区发展，提高了扶贫成效；通过实施东西部地区扶贫协作引入了域外帮扶力量；通过动员社会力量参与精准扶贫为扶贫工作注入新的活力和动力。

三、适用范围

由于各国历史文化传统、社会经济发展水平不同，中国强化帮扶力量的各项举措的适用范围也略有不同。

中央统筹、省负总责、市县抓落实的工作机制适用于各级政府具有较强资源调配能力的国家和地区。

五级书记抓精准扶贫工作的本质在于通过各行政层级最高负责人亲自抓扶贫工作，督促各级政府官员认真落实精准扶贫政策方针，提高各级官员的责任感和紧迫感。五级书记抓精准扶贫的工作方法适用于各国，具有普适性。

驻村帮扶适用于基层组织能力弱、各类人才尤其是管理人才不足的地区。

东西部扶贫协作政策举措适用于区域内部发展不平衡、贫困人口相对集中的国家或地区。

中央单位定点扶贫要求政府要具有较强的组织和动员能力，政府在社会和经济事务中扮演重要角色，能够协调各方资源开展定点扶贫。

社会力量扶贫的经验举措适合于企业和社会组织发展比较充分的国家和地区。

四、实施过程

（一）建立中央统筹、省负总责、市县抓落实的工作机制

1. 中央统筹

由中共中央、国务院负责统筹制定扶贫开发大政方针，出台重大政策举措，协调全局性重大问题、全国性共性问题。其中，作为中央层面的议

事协调机构，国务院扶贫办负责全国脱贫攻坚的综合协调。其他中央和国家机关按照工作职责，运用行业资源落实脱贫攻坚责任，按照中央要求制定配套政策并组织实施。

2. 省负总责

（1）省级党委和政府负责贯彻中央关于精准扶贫的大政方针和决策部署，结合本地区实际制定扶贫政策措施、脱贫攻坚规划和年度计划并组织实施。

（2）省级党委和政府统筹使用扶贫协作、对口支援、定点扶贫等资源，广泛动员社会力量参与本省扶贫工作。

（3）为防止干部调整频繁不利于脱贫工作的开展，省级党委和政府负责确保贫困县党政正职在脱贫攻坚战期间职责稳定，督促贫困地区领导集中精力做好扶贫工作。

3. 市县抓落实

（1）在市级层面，党委和政府负责协调域内跨县扶贫项目，对精准扶贫项目实施、资金使用和管理、脱贫目标任务完成等工作进行督促、检查和监督。

（2）县级党委和政府主要负责人承担本县脱贫攻坚主体责任。主要职责包括：制定本县脱贫攻坚实施规划，组织落实各项政策措施；指导乡、村组织实施建档立卡工作，对精准识别和精准退出情况进行检查考核；指导乡、村加强政策宣传，把精准扶贫的各项政策措施落实到村到户到人；建立扶贫项目库，整合财政涉农资金，对扶贫资金进行管理监督。

（二）建立五级书记抓精准扶贫的工作体系

1. 构建指挥体系，逐级落实责任

在省市县三级均成立由党的一把手和政府一把手担任双组长的工作小组，确保精准扶贫政策执行畅通无阻。

2. 明确五级书记工作重点

省委书记负责省扶贫开发领导小组全面工作，组织完成省级党委、政府向中央递交的脱贫责任书确定的目标任务，履行脱贫攻坚第一责任人责任，推动脱贫攻坚责任层层落实。市委书记要对脱贫攻坚项目实施、措施制定和落实等工作进行督促检查，并组织协调本市跨县扶贫项目。县委书记需要组织建立县级扶贫项目库，整合使用财政涉农资金，研究乡镇落实精准扶贫的指导意见，把扶贫政策措施落实到村到户到人。乡镇党委书记需要帮助村党组织谋划扶贫产业项目，发展村集体经济；对驻村工作队进行日常管理，指导开展帮扶工作。村党支部书记需要宣传扶贫政策，协助乡镇精准识别管理贫困人口，为贫困户制定脱贫计划。

（三）选派第一书记和驻村工作队，开展驻村帮扶

1. 精准选派

帮扶单位根据贫困村实际需求选派驻村工作队和第一书记（驻村工作队队长一般由驻村第一书记兼任）。比如，针对产业基础薄弱、集体经济脆弱的贫困村主要选派熟悉经济工作的干部；对矛盾纠纷突出、社会治理落后的贫困村主要选派熟悉社会工作的干部。充分发挥派出单位和驻村干部自身优势，帮助贫困村解决扶贫过程中面临的突出困难和问题。人员构成方面，优先安排优秀年轻干部参加驻村帮扶。每个驻村工作队一般不少于3人，每期驻村时间不少于2年。

2. 明确驻村工作队的主要职责

（1）宣传精准扶贫重大方针政策，落实各项强农、惠农、富农和脱贫措施，推动扶贫政策措施到村到户。

（2）根据致贫原因和发展需求制定村级发展规划，带动贫困户发展符合市场需求和自身资源条件的主导产业。

（3）指导制定和谐文明的村规民约，积极推广普及普通话，推动移风

易俗。重点做好贫困群众思想发动、宣传教育和情感沟通工作，激发摆脱贫困内生动力。

（4）帮助加强农村基层组织建设，对整治群众身边的腐败问题提出建议；培养贫困村创业致富带头人，吸引各类人才到村创新创业。

3. 建立考核激励机制

为了提高驻村工作队的工作效率和质量，激励驻村干部工作动力，中国对驻村工作队成员实行年度考核制度。

（1）驻村工作考核

由驻村工作队所在县党委和政府对其进行考核检查。考核内容由各地根据实际情况确定，平时考核、年度考核与期满考核相结合，工作总结与村民测评、村干部评议相结合。

（2）开展表彰激励

考核结果将作为驻村干部综合评价、评奖评优、提拔使用的重要依据。派出单位会对成绩突出、群众认可的驻村干部，按照有关规定予以表彰。

（3）建立问责机制

驻村工作队成员不能胜任帮扶工作的，派出单位及时召回并对驻村工作队成员进行调整。对履行职责不力、失职失责的驻村工作队员，派出单位会根据严重程度给予批评教育和依规处理。

（四）开展东西部地区扶贫协作

1. 确定东西部扶贫协作结对关系

2016 年，中国出台《关于进一步加强东西部扶贫协作工作的指导意见》，要求东部 9 个省份（北京市、天津市、辽宁省、山东省、江苏省、浙江省、上海市、福建省、广东省）结对帮扶中西部 12 个省份（河北省、内蒙古自治区、贵州省、云南省、重庆市、四川省、甘肃省、青海省、西藏自治区、广西壮族自治区、新疆维吾尔自治区、陕西省）（表3-1）。东部343个经济较发达县（市、区）与中西部573个贫困县开展"携手奔小康"行动。

表3-1　东西部扶贫协作结对关系

帮扶地区	被帮扶地区
北京市	内蒙古自治区、河北省张家口市和保定市
天津市	甘肃省、河北省承德市
辽宁省大连市	贵州省六盘水市
上海市	云南省、贵州省遵义市
江苏省	陕西省、青海省西宁市和海东市
江苏省苏州市	贵州省铜仁市
浙江省	四川省
浙江省杭州市	湖北省恩施州、贵州省黔东南州
浙江省宁波市	吉林省延边州、贵州省黔西南州
福建省	宁夏回族自治区
福建省福州市	甘肃省定西市
福建省厦门市	甘肃省临夏回族自治州
山东省	重庆市
山东省济南市	湖南省湘西州
山东省青岛市	贵州省安顺市、甘肃省陇南市
广东省	广西壮族自治区、四川省甘孜州
广东省广州市	贵州省黔南州和毕节市
广东省佛山市	四川省凉山州
广东省中山市和东莞市	云南省昭通市
广东省珠海市	云南省怒江州

2. 明确扶贫协作内容

精准扶贫过程中，东西部扶贫协作聚焦西部贫困地区"两不愁三保障"，着重弥补贫困地区脱贫与发展短板。

（1）产业协作

东部地区将良好的技术、管理水平等优势与西部地区丰富的土地、劳动力等资源相融合，加快推动西部地区产业发展和结构升级。

（2）人才支援

东部地区充分发挥科教和人才资源优势，通过两地培训、委托培养和组团式支教、支医、支农等方式，为西部地区提供强劲的智力支撑。东部地区安排西部受帮扶地区扶贫工作人员到本地区经贸、农业、教育、卫生等对口部门参观学习，跟岗学习服务管理经济建设、学校教育等经验。选派本地区业务熟练、综合能力强的干部到西部受帮扶地区挂职锻炼、交流经验。

（3）劳务协作

东西部协作双方建立劳务输出对接机制，搭建就业信息服务平台，准确掌握受帮扶地区中有就业意愿和能力的未就业贫困人口信息，根据其就业能力和岗位需要，提供就业服务。以就业技能培训、医院护工、家政服务为切入点，推行校企合作、"订单式"培训等模式，促进被帮扶地区贫困劳动力向东部地区有序转移和稳定就业。

（五）开展中央单位定点扶贫

1. 选派干部开展精准帮扶

中央单位向每个定点扶贫县至少选派 1 名优秀挂职扶贫干部，时间一般为 2 年。各单位至少选派 1 名优秀干部到定点扶贫县的贫困村担任第一书记，时间一般也是 2 年。

2. 制定和实施脱贫方案

中央单位组织本单位领导、挂职扶贫干部等深入定点扶贫县开展调查研究，和贫困县干部群众共商脱贫之策，组织贫困群众全程参与扶贫项目的选择、设计、实施、验收，帮助其制定脱贫方案。

3. 开展政策宣传

中央单位和向定点扶贫县派出的挂职干部，负有在贫困地区宣传脱贫攻坚方针政策的责任，帮助贫困地区的干部和群众知晓政策、理解政策、使用政策，督促各项精准扶贫政策措施有效落地。

4. 帮助贫困地区培育基层队伍

中央单位和向定点扶贫县派出的挂职干部需要指导定点扶贫县加强农村基层组织建设，突出做好贫困村党支部书记、创业致富带头人、实用科技人才三支队伍建设。帮助村干部提高带领群众脱贫致富能力，指导和帮助驻村工作队和第一书记履行职责，扎实开展精准扶贫、精准脱贫工作。

5. 开展督促检查

中央单位要督促定点扶贫县党委和政府承担好脱贫攻坚主体责任，保质保量完成减贫任务。帮助定点扶贫县创新扶贫资金和项目管理运行机制，严格扶贫资金管理，保障扶贫资金合理使用、扶贫项目真正造福贫困群众，实现阳光扶贫。帮助定点扶贫县党委和政府及时发现和纠正扶贫工作中存在的形式主义等问题，不断提升工作水平。

（六）组织社会力量参与精准扶贫

1. 引导社会力量参与精准扶贫

（1）进行宣传引导

中国充分利用各类媒体平台，线上线下紧密结合，准确阐释精准扶贫的决策部署、政策举措，及时报道社会力量参与扶贫的先进典型，扩大行动影响力。

（2）帮助社会力量精准对接扶贫对象

在保护个人隐私权的前提下，中国的扶贫部门向有意愿参与扶贫的社会力量提供贫困村和贫困户的信息，指导社会力量因地制宜、因村因户因人施策。比如，全国工商联组织引导民营企业积极参与"万企帮万村"行动，帮助企业精准对接贫困村和贫困户，为打赢脱贫攻坚战、全面建成小康社会贡献了重要力量。

（3）主动做好各项服务

政府部门为参与精准扶贫的社会力量提供政策、信息、融资等方面的支持，针对精准扶贫过程中的新情况新问题，政府部门及时推动出台完善相关政策，协调解决社会力量在帮扶过程中遇到的困难和问题。

（4）行业管理部门重点发挥监督管理职责

为了规范社会力量参与精准扶贫，防止出现社会力量打着扶贫的旗号违规从事牟利敛财等活动，行业管理部门对挪用截留扶贫资金、违法募集套取资金等违法犯罪活动进行依法查处。

2. 社会力量参与精准扶贫的方式和路径

（1）产业扶贫

各类社会力量根据自身所具备的市场优势、资本优势和管理优势等，与贫困地区的资源优势相结合，在贫困地区实施扶贫项目，开发资源、培育产业，激活贫困地区的自然资源和人力资源优势，与贫困群众结成紧密的利益共同体，并与贫困户建立起稳固的脱贫长效机制。

（2）就业扶贫

一方面，社会力量通过在贫困地区开办工厂，帮助当地贫困家庭就近就地稳定就业。另一方面，扶贫先扶智。社会力量在贫困地区开展订单培训和岗位技能提升培训，为贫困家庭提供职业技能培训机会，引导了贫困群众依靠自身技能脱贫、依靠创业就业致富。

（3）教育扶贫

社会力量特别是各类教育类基金会在贫困地区开展师资水平培训，提升贫困地区师资教育能力。同时，教育扶贫基金会、高校支教团等社会组织积极组织大学生、退休教师、社会人士到贫困地区开展扶贫支教。

（4）健康扶贫

社会力量通过提供医疗技术支持、卫生人才培训和紧缺设备援助等，帮助贫困地区提高医疗水平，改善服务设施。相关公益慈善组织通过设立专项基金等形式，开展贫困人口重特大疾病专项救助。此外，社会组织还依托慈善组织互联网公开募捐信息平台向社会公众进行募捐，加大慈善医疗救助力度，减轻贫困人口医疗费用负担。

（5）志愿服务

各类志愿服务组织发挥职能到贫困地区开展扶贫志愿服务。社会工作服务机构为贫困人口提供心理疏导、生活帮扶、权益保障等专业服务。同时，各类志愿服务组织积极参与贫困村农村社区服务体系建设，开展贫困村老人、残疾人、留守儿童、低保家庭、特困人员等关爱保障工作，帮助化解其生活、学习等方面的困难。

五、实施效果及注意事项

（一）实施效果

脱贫攻坚期间，中国累计选派 25.5 万个驻村工作队、300 多万名第一书记和驻村干部，同近 200 万名乡镇干部和数百万村干部一道奋战在精准扶贫一线。

共有 307 家中央单位定点帮扶 592 个国家扶贫开发工作重点县，累计投入帮扶资金和物资 427.6 亿元，帮助引进各类资金 1 066.4 亿元，培训基层干部、各类技术人才 368.8 万人次[1]。中国各类社会组织共实施扶贫项目超过 9 万个，投入资金 1 245 亿元[2]。驻村干部、中央单位和各类社会力量为中国如期打赢脱贫攻坚战作出了突出贡献。

东西部地区扶贫协作同样加速了西部地区的减贫进程。2015—2020年，东部 9 个省份共向扶贫协作地区投入财政援助资金和社会帮扶资金

---

[1] 资料来源：《人类减贫的中国实践》。
[2] 资料来源：广东省民政厅：《民政部：脱贫攻坚以来全国社会组织实施项目超 9 万个，投入资金 1 245 亿元》，http：//smzt.gd.gov.cn/zwzt/jzjstpgj/jdxw/content/post_3260816.html。

1 005 亿元，互派干部和技术人员 13.1 万人次，超过 2.2 万家东部企业赴扶贫协作地区累计投资 1.1 万亿元[①]。脱贫攻坚结束后，东西部协作制度得到进一步发展。2021 年新一轮东西部协作启动以来，协作省份充分发挥各地区比较优势，加强产业合作、资源互补、劳务对接、人才交流，形成了多层次、多形式、全方位的协作帮扶格局。

（二）注意事项

建立中央统筹、省负总责、市县抓落实的工作机制可能面临着各层级政府责任分工不清问题、责任落实不到位问题。对此，一是要明确好各级政府的扶贫责任和分工，避免职能重叠或职责不清。二是要完善监督机制，对各级政府的工作进行督促和评估，确保任务落到实处。

五级书记抓精准扶贫的工作体系在实施过程中可能面临着因行政层级最高负责人（中国为各级党委书记）能力不足而导致扶贫工作体系整体运转效能低的问题。对此，一是要提高执行力，确保本层级负责人要把工作重心放在扶贫工作的落实上，确保各项扶贫措施落到实处。二是要建立科学的绩效评估体系，定期评估扶贫工作效果，根据评估结果进行改进。三是要加强培训，尤其是对乡镇和村级负责人，要持续开展培训，提高他们的政策理解能力和执行能力。

在开展驻村帮扶过程中，可能面临派驻人员工作能力不足、派驻人员能力与贫困村脱贫需求不对称的问题。对此，一是要根据贫困村的实际需求，精准选派第一书记和驻村工作队。二是要强化驻村队伍的能力建设，通过精心选派、定期培训等方式提升驻村队伍组织规划、干事创业的能力。三是要建立健全监督机制，定期评估帮扶工作效果，根据评估结果及时调整和优化帮扶措施。

---

① 资料来源：《人类减贫的中国实践》。

在开展发达地区和贫困地区扶贫协作（中国为东西部扶贫协作）时，可能面临协作机制不健全、协作项目市场参与度不足等问题。对此，一是要建立长效机制，制定长远的地区扶贫协作规划，确保扶贫协作的持续性和稳定性。二是要注重市场需求，发达地区和贫困地区的扶贫协作项目要以市场为导向，建立产业产销对接机制，扩大产品市场，提高经济效益。此外，协作双方要相互尊重，在合作中双方应以平等的姿态进行交流和协作，避免居高临下或单方面决策。

中央单位定点扶贫在实施过程中可能面临投入资源不足、扶贫方案与地方发展需求不匹配等问题。对此，一是要提高各定点扶贫单位对扶贫工作的重视程度，切实加强领导，明确分管领导和分管部门，做到分工明确、责任到人，从而实现调动本单位各方力量推进定点扶贫工作。二是要合理制定定点扶贫工作方案，参加定点扶贫工作的单位要针对定点扶贫地区经济社会发展实际和现实需求，制定帮扶工作规划，以解决定点扶贫地区经济社会发展中的突出矛盾和问题为工作重点，努力为定点扶贫地区出实招、办实事、求实效。

社会力量在参与扶贫工作时可能面临与政府部门协同不足、帮扶举措过分重视短期成效等问题。对此，社会力量一是应深入开展调研与需求分析，制定以实际需求为导向的科学扶贫计划，明确目标并建立多方协作机制，与政府和其他社会力量密切合作。二是注重可持续发展，选择具有潜力的产业项目，并通过培训提升当地居民的自我发展能力。此外，社会力量在参与扶贫工作时要尊重当地文化，鼓励社区参与，增强项目的接受度和效果。

六、典型案例

（一）四川省坚决落实省负总责、市县抓落实的扶贫工作机制

2017年1月，四川省印发《脱贫攻坚责任制实施细则》（以下简称

《细则》），明确脱贫攻坚实行省负总责、市县抓落实的工作机制，构建责任清晰、各负其责、合力攻坚的责任体系。

《细则》专章明确，省委、省政府对全省脱贫攻坚工作负总责，全面贯彻党中央、国务院关于脱贫攻坚的大政方针和决策部署，制定出台重大政策措施，审定重大规划和年度脱贫目标，协调全局性重大问题、全省共性问题。

市县有落实之责。市（州）党委、政府对本地脱贫攻坚工作负总责。市（州）党委、政府主要负责人向省委、省政府签署脱贫责任书，每年向省委、省政府报告扶贫脱贫进展情况。县（市、区）党委、政府承担脱贫攻坚主体责任，制定本地脱贫攻坚实施规划、年度方案，优化配置各类资源要素，建立扶贫开发对象动态监测机制，完善扶贫项目库，整合财政涉农资金，组织落实各项政策措施，公开扶贫资金项目信息，提高县域经济整体发展水平等。

（二）内蒙古自治区五级书记齐抓扶贫，让责任在一线落实

推进脱贫攻坚，关键是落实到人。内蒙古自治区建立并落实脱贫攻坚一把手责任制，实行省市县乡村五级书记一起抓，建立"书记抓、抓书记"和"五级书记"遍访贫困对象工作机制，召开抓党建工作述职评议会，盟市党委书记就履行抓党建促脱贫攻坚责任进行述职，传压力、明方向、促履职，立下愚公志。

各级领导干部带头落实结对帮扶联系点制度，自治区主要领导带头引领贫困旗县，各级领导定点联系贫困地区和贫困户，各级机关企事业单位结对联系贫困嘎查村，各级党员干部与贫困人口结对帮扶，实现贫困嘎查村单位帮扶、贫困户党员干部联系全覆盖。

高规格组建 57 支贫困旗县脱贫攻坚工作总队，由厅级领导干部担任总队长，驻守贫困旗县脱贫攻坚一线开展调研督导、踏查暗访脱贫攻坚工

作，示范带动各级领导干部靠前指挥调度，现场解决问题，推动脱贫攻坚决策部署执行不走样。

（三）第一书记带领小山村脱贫记

陈坤是四川省巴中市恩阳区政务服务和公共资源交易服务中心的一名工作人员。2016 年，他主动申请到恩阳区下八庙镇马鞍山村担任第一书记。

到村里的第一天，他就开始思考怎样才能让贫困人口脱贫。通过 2 个月的入户面谈，陈坤掌握了全村 273 名贫困人口的所需所盼，制定"一户一策"帮扶措施。针对生病、上学、缺技术、缺资金等致贫原因，陈坤采取争取救助资金、助学贷款、就业培训等方式解决村民的难题。针对基础设施落后等致贫原因，陈坤多方争取资金修建村社道路 5 公里，整治山坪塘 4 口，实施易地扶贫搬迁 18 户、危房改造 22 户，延伸自来水、天然气等管网，惠及 280 多户 1 000 余人。针对村里产业薄弱问题，他探索出抓党建联民心、抓产业联增收、抓治理联和谐"三联扶贫"机制，发展特色产业 1 000 余亩，创新"支部＋合作社＋农户"利益联结机制，村民收入净增 4 000 元以上。

（四）闽宁协作共谱"山海情"

山海情的山，是宁夏（宁）；海，是对口帮扶的福建（闽）。自 1996 年建立对口扶贫协作关系到 2020 年实现全面脱贫，福建和宁夏的东西部扶贫协作坚持把扶贫开发作为重心，把产业协作扶贫作为关键，把激发内生动力作为根本，有力促进了宁夏贫困地区经济发展和民生改善。

精准施策，助力宁夏如期实现脱贫。福建省从项目、资金、技术、人才等方面给予宁夏帮助。福建省 39 个县（市、区）先后与宁夏 9 个贫困县（区）结成帮扶对子，开展点对点、一对一帮扶，福建省投入帮扶资金

33.69 亿元，从援建基础设施入手，通过修公路、打井窖、建高标准梯田等举措，推动宁夏全面完成脱贫任务。

授人以渔，实现由"输血"帮扶到"造血"帮扶。闽宁两省区产业协作从菌草起步，通过共建产业园区、搭建合作平台、组织务工就业等方式，带动形成了一批特色比较明显、具有可持续发展能力的现代化农业、工业体系。2013 年以来，两省区合作建设了一批闽宁产业园（城），形成了机械制造、电子信息、纺织轻工、风力发电等一批特色产业项目，为宁夏长远发展奠定了坚实基础。

创新交流机制，为宁夏植入改革创新的发展理念。24 年间，两省区通过干部交流、人才培训、经贸往来，推动人流、物流、信息流有效对接。福建先后选派 2 000 多名支教支医支农工作队员、专家院士等参与援宁工作，传导理念、传播技术、传授方法。宁夏先后选派了 300 多名干部到福建挂职锻炼、开阔眼界、转变观念、增长才干。

在闽宁扶贫协作的推动下，宁夏 80.3 万贫困人口全部脱贫，历史性告别了绝对贫困、区域性整体贫困。

（五）科技部定点扶贫佳县成效显著

2018 年 1 月，科技部发挥行业部门优势，组建第 30 届科技扶贫团佳县执行团（以下简称"扶贫团"），定点扶贫陕西省佳县。

瞄准扶贫地区科技人才短板，精准选派科技人才。扶贫团遴选了 21 名科技特派员派往 102 个贫困村开展科技服务，实现所有贫困村全覆盖、所有农业产业全覆盖，健全了该县农村实用技术服务体系。

聚焦农业产业技术瓶颈，精准赋能扶贫产业。佳县干旱少雨，高粱、谷子等作物亩产始终徘徊在四五百斤。扶贫团从山西省农科院引进"渗水地膜旱地穴播技术"，全县渗水地膜高粱、谷子种植面积达到 4.2 万亩。为解决地膜污染问题，扶贫团还重点示范了全生物降解渗水地膜高粱、谷子共 6 000 亩，平均亩产增加 80％左右，带动 1 800 户贫困户户均增收 4 000 余元。

（六）电子商务推动贫困地区优质农产品上行

尽管不少贫困地区都有优质农产品，但缺少必要的销售渠道，难以促进农户增收。阿里巴巴集团利用互联网优势，推动贫困地区的优质农产品上行，带动农民增收。

1. 平台模式

阿里巴巴搭建电商脱贫平台，结合大数据和产业优势，帮助贫困地区选出具有竞争力的农产品，同时输入营销资源、产业标准、相关培训等，提升农产品的市场竞争能力。

2. 一县一品模式

针对贫困地区的特色农业，阿里巴巴以阿里云农业大脑等技术实现科技赋能；结合产销两端建立品控体系，实现供应链输入；通过阿里巴巴营销矩阵，帮助贫困县优质农产品扩大品牌影响力，打造农产品品牌。

3. 直播模式

针对国家级贫困县，淘宝直播专门开通脱贫直播频道，并开展直播技能的培训，帮助商家掌握直播技能、创新的营销方式，通过"网红＋县长（村干部）＋明星"的模式，在消费者与农产品之间建立信任关系，扩大农产品销路。

2016—2020 年，832 个国家级贫困县经由阿里平台实现的电商销售额已超 3 100 亿元，各贫困县经由阿里平台发出的电商包裹总数 5 年累计已达 12 亿个。

◎ 第四章　通过区分类别、靶向施策解决 "怎么扶" 的问题

贫困的类型和原因千差万别，开对 "药方子" 才能拔掉 "穷根子"。因为各个区域差异很大，各个贫困家庭和人口差异也很大，在这种情况下需要因人施策，因村施策，"怎么扶" 就显得尤为重要。中国在减贫实践中，针对不同情况分类施策、对症下药，因人因地施策，因贫困原因施策，因贫困类型施策，通过实施 "五个一批" 实现精准扶贫，即 "发展生产脱贫一批、易地搬迁脱贫一批、生态补偿脱贫一批、发展教育脱贫一批、社会保障兜底一批"。

一、分析致贫原因，实现精准施策

要想精准地解决 "怎么扶"，首先得知道 "为什么穷"。中国在建档立卡时，深入细致地采集和分析了每个贫困户的致贫原因。致贫原因是分析贫困户帮扶需求、实施精准扶贫的重要指标。根据中国的实际情况，在建档立卡时，全国扶贫开发信息系统中设定的致贫原因包括因病、因残、因学、因灾、因婚、缺土地、缺水、缺技术、缺资金、缺劳力、交通条件落后、自身发展动力不足 12 个选项（表 4-1）。

表 4-1　致贫原因

因病致贫	指家庭因医疗费用支出超过家庭负担能力，导致家庭实际生活水平低于国家扶贫标准。
因学致贫	指家庭成员的教育支出（一般指高等教育）明显超出家庭负担能力，导致家庭实际生活水平低于国家扶贫标准。

（续）

因残致贫	主要指因治疗家庭成员重大残疾造成花费超过家庭支付能力或因家庭主要劳动力因故致残，导致家庭实际生活水平低于国家扶贫标准。
因灾致贫	主要指遭遇重大自然灾害或家庭发生重大变故、事故造成严重财产损失，导致家庭实际生活水平低于国家扶贫标准。
因婚致贫	主要指因为结婚过程中的彩礼、新建或购买住房以及结婚中的相关费用超过了家庭所能承担的范围，导致家庭生活水平低于国家扶贫标准。
缺土地	指在家庭收入主要依靠农业（特别是种植业）的农户，因缺少土地或土地无法从事农业生产，造成家庭缺少主要收入来源。
缺技术	由于劳动力文化素质低，缺少发展产业或就业的基本技能，导致家庭无法通过发展产业或就业产生稳定收入。
缺劳力	指家庭主要劳动力成员因病、因残丧失劳动力，或家庭缺少处于成年劳动力年龄阶段的成员，导致家庭缺少稳定收入来源。
缺资金	主要指有意愿发展产业的农户，因缺少必要资金无法实现有效收入，导致家庭实际生活水平低于国家扶贫标准。
缺水	由于有意愿发展产业的农户，因缺少水资源而无法实现有效收入，导致家庭实际生活水平低于国家扶贫标准。
自身发展动力不足	主要指家庭主要劳动力因主观能动性发挥不足，自身缺乏上进心，不愿通过发展产业、从事就业改善生活条件增加收入。
交通条件落后	主要指家庭因交通不便，农户不便于发展生产，改善生活条件等，导致家庭生活水平低于国家扶贫标准。

据数据统计，2015 年全国 7 000 多万贫困人口中，因病致贫的有42％；因灾致贫的有20％；因学致贫的有10％；因为劳动能力弱致贫的有8％；其他原因致贫的有20％。而这些贫困农民中绝大多数都没有增收的产业。同时，一个家庭的致贫原因往往不止一个，一般是两个，有的家庭甚至是三个。所有致贫原因中，最主要的是因病致贫，第二是缺少资金，第三是缺少技术，前两个原因，都占30％以上。

针对当时致贫原因，中国通过产业扶贫、就业扶贫、教育扶贫、易地扶贫搬迁、生态补偿、兜底保障、光伏扶贫、资产收益等扶贫手段，推动实现因人因户精准施策。

二、产业扶贫

产业扶贫是最直接、最有效的办法，也是增强贫困地区造血功能，帮助群众就地就业的长远之计。产业是发展的根基，产业兴旺，收入才能稳定增长。

（一）定义和内涵

产业扶贫指的是各地政府结合当地实际情况，构建特色产业体系，通过政策优惠、资金扶持等手段，引导本土企业参与扶贫项目，为贫困户提供就业岗位，从而鼓励贫困户通过自己的劳动脱贫致富。

（二）政策实施的目的以及解决的核心问题

从实际情况看，产业扶贫目的是促进贫困地区发展、增加贫困农户收入，根植发展基因，激活发展动力，阻断贫困发生的动因。这种扶贫方式不仅关注增加贫困地区的资本积累能力和贫困户的就业机会，还强调提升人力资本，使贫困户能够积极参与产业价值链的各个环节，从而增加收入并实现脱贫。产业扶贫的核心在于通过发展产业来带动贫困户的长期稳定增收，激发贫困地区和贫困户的内在发展动力，提高脱贫效果的稳固性和可持续性。

（三）适用范围或适用条件

此类政策主要适用于具有一定产业特色的贫困地区，这些地区往往因缺基础设施、缺技术、缺人才、缺市场等制约导致产业发展水平低、产业链不健全、产业带动能力弱，因此可以通过产业扶贫政策进行扶持。

（四）实施过程

1. 加强农业产业基础设施

贫困地区发展产业，首先要解决基础设施及产业配套问题。这一时期，中国瞄准贫困地区产业配套设施，大幅度增加对贫困地区农林水利基础设施建设投入。例如，推进高标准农田建设，对纳入范围的贫困县的高标准农田建设需求予以优先保障，确保在贫困县新建高标准农田 3 000 万亩以上。再如，加快贫困地区水利项目建设，优先启动实施贫困地区重大水利工程项目，支持贫困地区合理开发小水电。

2. 加大科技服务力度

强化对贫困地区和贫困人口的科技指导。脱贫攻坚期间，中国指导 832 个贫困县组建产业扶贫技术专家组 4 100 多个，为"三区三州"等深度贫困地区选派 544 个技术专家组，在 22 个脱贫任务重的省份全面实施农技推广服务特聘计划，在 621 个贫困县招募特聘农技人员 3 000 多名，指导各地选聘 26 万多名贫困户产业发展指导员，切实提升产业扶贫技术支撑保障水平。继续面向贫困地区开展农村实用人才带头人示范培训，大力培育贫困地区高素质农民。

3. 因地制宜发展特色产业

（1）系统性支持贫困地区发展农业特色产业

加快培育一批能带动贫困户长期稳定增收的特色优势产业，各地因地制宜确定扶贫主导产业，贫困地区林果、蔬菜、畜禽、加工、手工等特色产业快速发展。

（2）乡村休闲旅游扶贫

提出乡村旅游扶贫八大行动：①乡村环境综合整治专项行动。②旅游规划扶贫公益专项行动。③乡村旅游后备箱和旅游电商推进专项行动。④万企万村帮扶专项行动。⑤百万乡村旅游创客专项行动。⑥金融支持旅游扶贫专项行动。⑦扶贫模式创新推广专项行动。⑧旅游扶贫人才素质提升专项行动。

5. 实施电商扶贫

（1）加快改善贫困地区电商基础设施

扎实推进贫困地区道路、互联网、电力、物流等基础设施建设，改善贫困地区电商发展基本条件。加强交通运输、商贸、农业、供销、邮政等农村物流基础设施共享衔接，推进县、乡、村三级农村物流配送网络建设，加快贫困地区县城老旧公路客运站改造，推动有条件的贫困村客运场站信息化建设，提升电商小件快运服务能力。

（2）推出特色扶贫产品

贫困地区根据自身实际情况，因地制宜发展特色产品，如陕西柞水木耳、甘肃礼县苹果、云南西盟山林百花蜜等；加强农产品质量安全检验检测，制定产地认证、质量追溯、冷藏保鲜、分等分级、产品包装、冷链物流等环节标准；开展"名特优新""三品一标""一村一品"等农产品认证，实施电商扶贫产品的标准化、规模化、品牌化，使电商扶贫产品满足市场质量要求。

（3）加大贫困地区电商人才培训

以精准扶贫为目标，针对建档立卡贫困户、电商创业脱贫带头人、农村青年致富带头人、村级信息员和残疾人专职委员等，制定电商培训计划。

（4）健全服务支持体系

基层扶贫队伍带动，通过组织贫困人口参与电商扶贫，让贫困户了解并分享技术进步带来的红利。银行和支付平台在小额信贷、支付方式等方面加大支持力度，为电商扶贫发展提供动力。电商协会等社会组织发展，为贫困户提供电商产品集货、分级包装、品牌营销、物流配送、售后保障等规范化服务，支持电商扶贫行稳致远。

（5）搭建企业合作平台

国务院扶贫办通过签订扶贫战略合作协议、政策鼓励支持等方式，把京东、苏宁、阿里巴巴、拼多多等一大批电商销售平台与贫困地区生产者联结起来。

（6）动员社会各界开展消费扶贫活动

以每年扶贫日为时间节点，组织有关电商企业和网络平台，共同举办消费扶贫体验活动，集中购买贫困地区土特产品，培育全社会消费扶贫意识，逐步形成电商扶贫的品牌产品、品牌企业。

6. 到户类产业支持

在扶贫脱贫期间，中央和各地政府针对贫困人口发展产业的能力和意愿，精准对接，制定了一系列支持政策。

（1）产业资金补贴

主要针对贫困户发展产业制定的到户类补贴。①扶持产业。重点扶持特色产业、乡村旅游、光伏产业及其他农业产业。②扶持对象。扶持有意愿、有能力、有条件发展产业的未脱贫、已脱贫和新识别建档立卡贫困户。③使用方向。原则上一半用于产业发展，一半用于入股到与贫困户发展产业密切关联的龙头企业或合作社，扶持金额和入股金额比例可根据贫困户家庭人口、劳动力状况、农户意愿和经营主体发展状况有所调整，具体比例由县级政府决定。④补助方式。一种是以物代补方式，由政府统一购买种子种苗、种薯、种畜禽、农药、肥料、地膜、农机具等生产资料给予补助。另一种是达标奖补方式，由贫困户先种先养、县乡村验收达标后，按县级确定的补助或奖励标准以现金方式给予奖补。

（2）小额信贷支持

小额信贷是一种为低收入人群提供的金融服务，旨在帮助他们改善生活状况。主要的扶持内容包括以下几方面：第一，针对贫困户的实际情况，完善增信措施。第二，加大对贫困地区支农再贷款、再贴现支持力度，引导金融机构扩大对建档立卡贫困户的信贷投放。第三，各地可统筹安排财政扶贫资金，对符合条件的贷款户给予贴息支持，贴息利率不超过贷款基础利率。第四，有条件的地方可根据实际情况安排资金，用于补偿扶贫小额信贷发生的坏账损失。第五，组织贫困农户参与扶贫特色优势产业建设，拓宽建档立卡贫困户获得贷款的途径。第六，探索建立县、乡（镇）、村三级联动的扶贫小额信贷服务平台。

（五）实施效果

这一时期，中国围绕产业基础设施、培育特色产业、支持新型经营主体、支持农户发展产业等方面取得了较大成效。截至 2020 年底，产业扶贫取得了显著成效。一是贫困地区特色产业快速发展。832 个贫困县全部编制产业扶贫规划，累计建成种植、养殖、加工等各类产业基地超过 30 万个，旅游扶贫、光伏扶贫、电商扶贫等新模式新业态加快推进，每个贫困县都形成了 2~3 个特色鲜明、带贫面广的扶贫主导产业。特别是"三区三州"等深度贫困地区，许多贫困乡村实现了特色产业"从无到有"的历史跨越，涌现出凉山花椒、怒江草果、临夏牛羊、南疆林果、藏区青稞牦牛等一批享誉全国的特色品牌。二是贫困群众收入水平大幅提高。产业扶贫政策已覆盖 98％的贫困户，有劳动能力和意愿的贫困群众基本都参与到产业扶贫之中。其中，直接参与种植业、养殖业、加工业的贫困户分别为 1 158 万户、935 万户、168 万户；贫困劳动力在本县内乡村企业、扶贫车间务工的超过 1 300 万人，占务工总人数近一半。在产业扶贫的有力支撑下，贫困户人均纯收入由 2015 年的 3 416 元，增加到 2019 年的 9 808 元，年均增长 30.2％。三是贫困地区产业发展条件显著改善。扶贫产业的快速发展，为资本、技术、人才等要素进入贫困地区提供了平台载体，也加快推动了交通、物流、通信等配套设施建设。据统计，贫困县累计建成高标准农田 2.1 亿亩、农产品初加工设施 4.3 万座，培育市级以上龙头企业 1.44 万家，发展农民合作社 71.9 万家，创建各类扶贫产业园 2 100 多个，组建 4 100 多个产业技术专家组，招募 4 000 多名特聘农技员，贫困地区产业发展保障更加有力、后劲明显增强。四是贫困群众自我发展能力明显提升。通过产业扶贫，不仅形成了一系列产业联农带贫的有效模式，也激发了贫困群众不等不靠、自强不息、用勤劳双手改变生活的精神状态，这些都将在今后推进乡村全面振兴中持续发挥作用。依托订单生产、土地流转、生产托管、就地务工、股份合作、资产租赁等方式，72%的贫困户与新型农业经营主体建立了紧密型的利益联结关系。通过产业赋能，70%以上的贫困户接受了生产指导和技术培训，累计培养各类产业致富带头人 90 多万人，产业扶贫志智双扶成效十分明显。

（六）典型案例

1. 湖南宜章：从"不敢"到"不愁"的解难脱贫

位于罗霄山片区的湖南省宜章县是革命老区县、山区农业县。曾经高寒山区岩溶地貌、产业基础薄弱、基础设施较差等"无形的大山"横亘在宜章的发展之路上，导致贫困发生率高、贫困人口多、贫困程度深。2011年全县有 21 万贫困人口，贫困发生率达到了 16.68%，到 2014 年时仍有建档立卡贫困户 8.9 万人。产业发展面临"四缺"——缺政策、缺技术、缺资金、缺销路，扶贫小额信贷遭遇了"老百姓不愿贷、金融机构不敢贷"的两难境地，同时因病致贫的老百姓比较多。

对此，该县探索形成了"三级平台＋四员服务＋五步清收"扶贫工作方式，把产业、金融、能人、市场等扶贫要素有机结合起来。建立县金融扶贫服务中心，对乡镇、行政村实行金融扶贫服务中心（站）全覆盖，县农商银行实行"一站式"业务办理。安排信贷管户员、产业指导员、科技特派员、电商销售员"四员"帮助解决发展产业过程中遇到的问题。用宣传提醒到位、全面排查预警、及时化解风险、合理缓释风险、分类处置逾期"五步工作法",结合红、黄、蓝、绿 4 种提示,让贷款放得出、用得好、收得回、可持续。

全县累计发放小额信贷资金 4.8 亿元,投入到脐橙、烤烟、油茶、油菜、茶叶等产业,涉及 11 000 多户贫困户,截至 2020 年,小额信贷收回 4.19 亿元。同时,撬动了社会资金 20 多亿元,在宜章培育起了 23 万亩脐橙、11 万亩油茶、4 万亩的烤烟,为脱贫攻坚打下了坚实基础。

2. 四川南充嘉陵区:桑茶产业强力助推脱贫攻坚

四川省南充市嘉陵区以丘陵、坡地为主,农业产业基础差,传统蚕桑产业受诸多因素影响逐年萎缩,亟待转型升级发展。当地将蚕桑产业作为嘉陵农业突破性发展产业之一,其中重点发展嘉陵区西河流域万亩茶桑产业。作为四川省重点农业龙头企业之一,四川尚好茶业有限公司集农业种植,桑茶食品、茶叶产品研发、生产、销售于一体,通过"公司+基地+农户"的合作模式,已辐射带动西河流域沿线太和、桃园等 7 个乡镇 30 多个村发展茶桑产业,带动建档立卡贫困户上千户(仅双桂镇 414 户),惠及贫困人口上万人(仅双桂镇 1 031 人)。

确保企业生产桑叶茶等产品原料供给的同时实现长效扶贫。公司生产的桑芽茶价值高,需要较大桑树种植面积,桑芽亩产量在 100~200 千克,收购价 15~70 元/千克,亩桑仅芽叶农民可以收入 1 500~14 000 元,产值高,有助于农民增收脱贫;同时由于亩产量低,企业需要数万亩桑园才能满足桑芽茶生产,因此可实现大面积扶贫。

促进一二三产融合发展,为扶贫提供了基础条件。南充具有 3 000 多年蚕桑生产悠久历史,是中西部地区唯一的"中国绸都"。20 世纪流行一句话"世界蚕业看中国、中国蚕业看四川、四川蚕业在南充"。蚕桑丝绸涵盖栽桑养蚕缫丝织绸外贸,尤其新兴桑产业增加了桑叶茶、桑叶面、桑叶糕点,桑果酒、桑果醋、桑果饮料,桑枝食用菌等上百种新产品,全产业链开发极大地延伸了产业链,增加了产品线,提高了产业附加值以及抵御风险的能力，创造了大量就业创业机会。

带动建档立卡贫困户增收致富，增强了贫困人口的内生动力。通过"公司＋基地＋农户"的合作模式，建立"龙头企业＋合作社＋农户"联合体和利益联结机制。第一，农户入园务工。长期在园区务工人员 300 多人，其中 80 多人是建档立卡贫困户，务工费按最低标准 50 元/天计算，人均年增收 5 000 元以上。第二，土地流转。农户获取流转收入或入股。第三，保底收购。公司与专业合作社采取定立桑叶全额最低保护价收购的方式，确保合作社、农户产出桑叶销路畅通，同时利润有保障。第四，产业资金入股分红。与贫困村签订带贫减贫协议，每年按产业资金的 6%～12%保底分红给村委会或直接分红给贫困户，保底固定分红期限为 3～4 年。第五，成立桑产业信息技术服务中心。定期举办茶用桑标准化种植管护、桑枝食用菌种植等涉农技术培训，免费向农户提供培训材料，免费传授各项技术及市场信息，助农增收。第六，搭建返乡农民工创业平台以及农村电商示范平台。吸收返乡农民工、贫困户成立创业平台与农村电商平台，形成电子交易、网上购物、在线支付协同发展的农村物流配送服务。

三、易地扶贫搬迁

（一）定义和内涵

易地扶贫搬迁是指政府主导、群众自愿参与，将居住在自然条件恶劣地区即"一方水土养不起一方人"地区的农村贫困人口搬迁到生存与发展条件较好地方，从根本上改善其生产生活条件，实现脱贫致富的一种扶贫方式。

易地扶贫搬迁作为重要的减贫措施，始于 20 世纪 80 年代初，多年的试点经验表明，这是目前最彻底、最有效的脱贫途径之一。"十三五"是脱贫攻坚、全面建成小康社会的决战决胜时期，为确保所有贫困人口如期摆脱贫困，与全国人民同步进入全面小康社会，党中央、国务院决定对生活在"一方水土养不起一方人"地方的贫困人口实施新一轮易地扶贫搬迁工程。

（二）政策实施的目的以及解决的核心问题

生态环境严重破坏地区、自然灾害频发和自然环境条件恶劣的地区，基本上不具备人类生存条件。这类贫困是由于对人们基本生活和生产条件的剥夺导致的贫困。易地扶贫搬迁作为"生态环境驱动型移民"，旨在解决几个问题：

第一，"一方水土养不了一方人"、贫困人口无法实现就地脱贫的问题。第二，缓解贫困地区生态的持续恶化，减轻人类对原本脆弱的生态环境的继续破坏，使生态系统得以恢复和重建，减缓因生态承载力不足而造成的贫困问题。第三，可以通过异地开发，逐步改善贫困人口的生存状态。第四，减小自然保护区的人口压力，使自然景观、自然生态和生物多样性得到有效保护。

（三）适用范围或适用条件

迁出区范围涉及全国 22 个省（自治区、直辖市）约 1 400 个县（市、区）。经国务院扶贫办扶贫开发建档立卡信息系统核实，上述范围内需要实施易地扶贫搬迁的建档立卡贫困人口约 981 万人。同时，各地计划同步搬迁约 647 万人。

迁出区域主要为自然条件严酷、生存环境恶劣、发展条件严重欠缺且建档立卡贫困人口相对集中的农村贫困地区。

（1）深山石山、边远高寒、荒漠化和水土流失严重，且水土、光热条件难以满足日常生活生产需要，不具备基本发展条件的地区。

（2）国家主体功能区规划中的禁止开发区或限制开发区。

（3）交通、水利、电力、通信等基础设施，以及教育、医疗卫生等基本公共服务设施十分薄弱，工程措施解决难度大、建设和运行成本高的地区。

（4）地方病严重、地质灾害频发，以及其他确需实施易地扶贫搬迁的地区。边境一线地区不纳入迁出范围。

（四）实施过程

1. 确定搬迁对象和规模

2015 年 11 月，国家发展改革委、国务院扶贫办等部门启动实施新时期易地扶贫搬迁工程，计划在"十三五"时期，对生活在"一方水土养活不了一方人"地区的约 1 000 万建档立卡贫困人口实施易地扶贫搬迁，通过"挪穷窝、换穷业"，帮助他们"拔穷根"，实现搬得出、稳得住、能脱贫、可致富。

2. 确定搬迁方式和安置方式

易地搬迁方式包括自然村整村搬迁和分散搬迁两种，对于生存环境差、贫困程度深、地质灾害严重的村庄以整村搬迁为主。按照规划，"十三五"时期搬迁对象中，自然村整村搬迁占 34.7％；分散搬迁占 65.3％。

综合考虑水土资源条件和城镇化进程，采取集中安置与分散安置相结合的方式多渠道解决，以集中安置为主，占 76.4％。实际城镇集中安置占搬迁总人口的 52％，特别是西南地区部分省份城镇安置率超过 90％。

3. 全面实施易地搬迁

（1）集中安置

①行政村内就近安置。依托靠近交通要道的中心村或交通条件较好的行政村，引导搬迁对象就近集中安置，占集中安置人口的 39％。②建设移民新村安置。依托新开垦或调整使用耕地，在周边县、乡镇或行政村规

划建设移民新村集中安置，占集中安置人口的 15%。③小城镇或工业园区安置。依托新型城镇化建设，在县城、小城镇或工业园区附近建设安置区集中安置，占集中安置人口的 37%。④乡村旅游区安置。依托当地旅游、民俗文化等特色资源，因地制宜打造乡村旅游重点村镇或旅游景区，引导搬迁对象适度集中安置，占集中安置人口的 5%。⑤其他安置方式。特困人员、残疾人等符合集中供养条件的搬迁对象，通过纳入迁入地供养机构或建设专门住房实行集中安置，占集中安置人口的 4%。

（2）分散安置

①插花安置。依托安置区已有公共设施、空臵房屋等资源，由当地政府采取回购空臵房屋、配臵耕地等方式进行安置，占分散安置人口的70%。②其他安置方式。主要为自主选择进城务工、投亲靠友等方式进行安置，占分散安置人口的 30%。

4. 注重易地搬迁后续扶持

在实施易地搬迁工作的基础上，政府重点逐渐向后续扶持转移，提出着力构筑产业发展、就业帮扶、社区治理、公共服务、基层党建、社会融入"六大体系"。在扶持过程中，将产业发展和就业帮扶作为搬迁群众近期脱贫、远期致富的重要手段。同时，中央通过安排中央预算内投资、地方政府一般债务资金、财政专项扶贫资金支持易地扶贫搬迁后续产业发展，指导地方分区分类精准施策，持续加大对各类安置点的帮扶力度，确保有劳动力且有就业意愿的建档立卡搬迁家庭实现至少 1 人稳定就业，确保无劳动能力的特殊贫困群体衣食无忧、应保尽保。

5. 促进易地搬迁贫困人口社会融入

为了帮助搬迁群众融入新社区、适应新生活，中国通过党建引领，以服务人、凝聚人、改变人为目的，以网格化、信息化、标准化为手段，构建基层党建、社区管理、群众自治三位一体的治理体系，按照均等、普惠、便捷原则，为搬迁群众提供便利可及、全面周到的基本公共服务。通过开展文明创建、模范评比、邻里守望等活动，引导搬迁群众改变陈规陋习，树立自信、自强、自立的思想观念和自主脱贫意识，推动各民族搬迁群众交往交流交融。

6. 加大对易地搬迁贫困户的优惠政策

为了进一步确保易地搬迁贫困人口能够搬得出、稳得住，2018 年明确了易地扶贫搬迁税收优惠政策，在易地扶贫搬迁贫困人口税收政策方面，对易地扶贫搬迁贫困人口按规定取得的住房建设补助资金、拆旧复垦奖励资金等与易地扶贫搬迁相关的货币化补偿和易地扶贫搬迁安置住房，免征个人所得税。对易地扶贫搬迁贫困人口按规定取得的安置住房，免征契税。

（五）实施效果

"十三五"期间，全国累计投入各类资金约 6 000 亿元，建成集中安置区约 3.5 万个，建成安置住房 266 万余套，配套新建或改扩建中小学和幼儿园 6 100 多所、医院和社区卫生服务中心 1.2 万多所、养老服务设施 3 400 余个、文化活动场所 4 万余个，960 多万建档立卡贫困群众已全部乔迁新居。五年来，中央预算内投资和地方政府债、贴息贷款、专项建设基金等各类融资资金下达总额超过 6 000 亿元。其中，"十三五"易地扶贫搬迁中央预算内投资约 800 亿元，支持约 1 000 万建档立卡贫困人口实施易地扶贫搬迁。中央财政贴息贷款规模 2 000 多亿元，地方政府债务规模约 3 200 亿元，一次性切块下达"十三五"专项建设基金 500 亿元。

（六）典型案例

1. 贵州省长顺县探索构建"移民十"易地扶贫搬迁模式

2016 年以来，长顺县共实施易地扶贫搬迁 1 469 户 7 832 人，其中建档立卡贫困人口 1 331 户 7 155 人，占搬迁总人数的 91.36%，2016 年实施搬迁1 297户7 000人，2017年计划搬迁2 294户7 644人。该县聚焦脱贫目标，紧扣"搬出来后怎么办"突出问题，大力实施"N＋移民"工程，就业、产业、教育、党建多渠道覆盖搬迁群众增收，贫困户搬迁后生活改善、收入增加，政策满意度达到100％。

实施"产业＋移民"工程。在迁出点方面，根据迁出点的实际情况，以市场为导向进行统筹安排，实现各镇（乡、街道）均有主导产业，户户有利益链接。在迁入点方面，主要通过"龙头"、项目、培训三点带动产业发展。

实施"教育＋移民"工程。长顺县结合易地扶贫搬迁规划及实施情况调整学校布局。结合移民规划就近新建或改扩建幼儿园和中小学校，确保搬迁群众子女集中就近入学。对县城的县第一、第二小学实施扩容工程，并启动第四小学规划选址工作。

实施"党建＋移民"工程。在搬迁安置区加强基层组织建设，强化党的领导核心，增强移民小区管理服务水平。一是强化移民包保服务。围绕实现一户一人就业、融资创业、山林地承包地集中流转等工作，明确每户两名干部（驻村干部、村第一书记）进行包保干部服务落实，并一包到底。二是实行小区民主管理。形成了由小区党支部领导，小区管委会具体负责，居民楼楼长实施具体管理，移民自主参与、自治管理的新模式。三是完善小区服务功能。在移民安置点设立社区服务中心，对小区进行规范化管理。在安置点建立了医疗服务中心（卫生室）、就业社保服务窗口，专门落实移民户口办理、社保低保转接和子女就学等相关服务政策。四是开展移民宣传员活动。组织进行一周一次楼道保洁、一周一次家务整理、一月一次院落清扫、一月一次文明星级评比活动，引导移民在生活上融入城镇生活。

四、生态补偿

(一)定义和内涵

生态补偿制度是以防止生态环境破坏、增强和促进生态系统良性发展为目的,以从事对生态环境产生或可能产生影响的生产、经营、开发、利用者为对象,以生态环境整治及恢复为主要内容,以经济调节为手段,以法律为保障的新型环境管理制度。生态补偿类政策主要包括国家有关耕地、森林、湿地、海洋保护等方面的补偿政策,如退耕还林还草还湿、退牧还草、公益林补偿等。国家自 20 世纪末启动退耕还林还草工程,是首次大规模带补偿措施的生态工程。2014 年,启动实施了新一轮退耕还林还草,每亩补助 1 500 元,其中通过财政专项资金安排现金补助 1 200 元、通过预算内投资安排种苗造林费 300 元。2017 年 6 月,决定从 2017 年起将种苗造林费补助标准由每亩 300 元提高到 400 元。随后,国家相继出台《全国湿地保护"十三五"实施规划》《全国海岛保护工作"十三五"规划》《天然林保护修复制度方案》等有关森林、湿地、海洋保护等方面的补偿政策,并不断提高生态补偿标准,切实保护生态资源,维护国家生态安全。

(二)所解决的主要问题

据统计,95%的贫困人口和大多数贫困地区分布在生态环境脆弱、敏感和重点保护的地区,发挥着"生态保障""资源储备"和"风景建设"的功能。"富饶的贫困"是这些地区普遍面临的尴尬境地。如果只强调消除贫困和发展经济,不重视生态环境保护,国家生态安全、资源安全和景观建设将很难保障;如果只强调保护生态环境,不考虑贫困人口的小康进程,也不符合"决不能让困难地区和困难群众掉队"的脱贫攻坚要义。

因此，生态补偿脱贫政策的实施目标，主要是为了防止生态环境遭到进一步破坏，促进生态系统良性发展，对于生存条件差、生态系统重要、需要保护修复的地区，结合生态环境保护与治理，探索生态脱贫新路子。

（三）适用范围或适用条件

1. 确定补偿主体

（1）国家公共权力

政府在生态补偿中是一类最主要也最常见的主体，它主要是从提供生态公共物品与服务的角度实施补偿。在实践中，中央政府主要负责全国性的以及具有全局性意义的生态补偿，具体包括全国性的重要生态功能区（如三江源自然保护区）保护补偿、全国性的大型生态环境工程建设（如退耕还林工程）补偿及大型生态修复工程（如淮河水污染防治）补偿；地方政府则主要负责其辖区内相关生态功能区保护、生态修复等的补偿。

（2）社会组织

一般认为，非营利的社会团体（NGOs）也可以作为生态补偿的补偿主体，其补偿资金一般来源于自筹或捐助。在国外的实践中，非政府环保组织往往通过购买绿色电力或其他具有绿色标识的能源、产品，对那些环境友好型的企业或行业给予生态补偿。

2. 受偿主体

指因向社会提供生态系统服务或生态产品、从事生态环境建设或者使用绿色环保技术，或者因其居所、财产位于重要生态功能区致使其生活工作条件或者财产利用、经济发展等受限，依照法律规定或者合同的约定应当得到物质、技术、资金补偿或者税收优惠的人。具体包括以下主体类型：

①生态环境建设者，典型的如退耕还林还草工程实施范围内，受到禁牧、休牧和划区轮放政策影响，被政府给予粮食和饲料补助的农牧民。

②生态功能区内的地方政府和居民，在生态功能区内，经济建设要让位于生态环境保护，且生态环境保护的标准往往高于非生态功能区，或者国家对生态功能区有特殊的环境保护要求，特别是对相关企业的经济活动和特定自然资源的开发设置较多限制，地方财政收入因此减少，各项公益事业的发展和居民就业机会也因此受到显著影响，这些受影响的政府与居民就成为生态补偿的受偿主体。③环保技术的研发主体，为提高生态环境和自然资源保护及利用的水平而进行相关技术研发的单位和个人，也是生态系统维护的间接提供者，因此也应享有生态补偿权。④采用新型环保技术的企业，对积极主动采用无污染或者低污染、节约自然资源和能源、提高资源利用效率和能源利用效率的企业，也应当给予相应的税收减免等生态补偿。

（四）实施过程

1. 明确补偿主体

"谁开发、谁保护，谁破坏、谁恢复，谁受益、谁补偿，谁污染、谁付费"中的"谁"，可以是国家、地方政府、企业和个人，有时还可能涉及多个主体，情形比较复杂。应因事制宜，明确特定的补偿责任主体，多个主体则应量化责任。

2. 落实受益主体

"谁受损、谁受益"，应落实受益主体。存在补偿利益虚化、未补偿到真正受损者的问题，对此，有多个受损主体的，应量化其利益；有多个受损方面的，应全面覆盖受损的各个方面。

3. 补偿标准体系化

生态环境受损后的影响是多方面的，受影响的利益主体是多元的。补偿是一个简单的经济总量，且一般按"人头"分配，掩盖了受损主体的差异性。补偿标准应按社会、经济、生态分类，细化为一个指标体系，再按差异性补偿给当地政府、企业和个人等主体，并规定用于社会重建、经济发展和生态修复。

4. 补偿模式多样化

现行的补偿模式以政府财政转移支付为主，辅以一次性补偿、对口支援、专项资金资助和税赋减免等。应坚持多样化模式，同时避免模式选择的随意性、补偿额的随意性。应制定实施细则，规范补偿模式的选择和实施。

5. 确保补偿用于生态修复

生态补偿大多用于生活、安置、迁移、生产等刚性需求，真正用于生态修复、生态保护的很少。生态补偿制度安排中应有量化的刚性要求，使一部分补偿直接用于修复生态。同时，还应有配套的监督制度。

（五）实施效果

2013—2020 年，贫困地区实施退耕还林还草 7 450 万亩，选聘 110 多万贫困群众担任生态护林员，建立 2.3 万个扶贫造林（种草）专业合作社（队）。贫困群众积极参与国土绿化、退耕还林还草等生态工程建设和森林、草原、湿地等生态系统保护修复工作，发展木本油料等经济林种植及森林旅游，不仅拓宽了增收渠道，也明显改善了贫困地区生态环境，实现了"双赢"。

（六）典型案例

1. 福建省生态保护补偿实现保护者与受益者双赢

新时代生态文明建设，如何做好"绿"和"利"的辩证题？福建以创新生态保护补偿机制为重点，以统筹各方资源参与生态保护为核心，以推动绿色循环低碳发展为途径，实现生态保护与经济发展双赢，推动"绿""利"和谐共融、人与自然和谐共生，打造"绿水青山就是金山银山"实践样板。

流域生态补偿使省内"绿水长流"。2003 年，福建省在全国率先启动九龙江流域上下游生态补偿试点，之后试点范围逐步扩大。2015 年 1 月，福建制定出台《福建省重点流域生态补偿办法》，在闽江、九龙江、敖江三个跨设区市重点流域的 43 个市县开展生态补偿。2017 年，福建对重点流域生态补偿办法进行了修订，建立了覆盖全省 12 条主要流域的生态补偿长效机制。跨设区市的闽江、九龙江、敖江流域由省级组织实施，不跨设区市的由有关设区市参照实施，实现流域生态补偿全覆盖。

通过实施流域生态补偿，全省 12 条主要流域范围内的所有市、县既是流域水生态的保护者，也是受益者，对加大流域水环境治理和生态保护投入承担共同责任，成效十分显著。2019 年，福建省主要流域Ⅰ～Ⅲ类水质比例 96.5%，其中国家地表水考核断面Ⅰ～Ⅲ类水质比例 92.7%，高于国家"水十条"89.1% 的考核要求；小流域Ⅰ～Ⅲ类水质比例 92.8%，同比提高 8.2 个百分点；市、县级集中式生活饮用水水源地水质达标率均达 100%。

跨省流域生态补偿实现"一江清水流广东"。2016 年 3 月，福建与广东签署了汀江-韩江跨省上下游横向流域生态补偿协议，汀江-韩江成为全国第二个跨省生态补偿机制试点。闽粤两省共同设立汀江-韩江流域上下游横向生态补偿资金，每年各出资 1 亿元，根据水质目标达成情况拨付资金；中央财政依据考核目标完成情况确定奖励资金，拨付给流域上游的福建省有关地区用于水污染防治工作。

商品林赎买激活"绿色不动产"。2012 年，福建省开展重点生态区位区划工作，规定交通主干线两侧、城市周边一重山、水源保护地等生态敏感脆弱地的商品林不得皆伐，只能适度择伐。严格的限伐政策，让林农们守着商品林却不能变现，"捧着金饭碗讨饭吃"，生态保护压力日增。2017 年，福建在全国首先开展重点生态区位商品林赎买等改革试点，沉睡已久的绿色资产得以唤醒。

重点生态区位商品林通过赎买、租赁、置换等改革后，最终将逐步调整为生态公益林。公报显示，2020 年，福建全省森林面积 811.58 万公顷，森林覆盖率 66.8%，连续 42 年居全国首位。九市一区全部获评国家森林城市、县级城市全部获评省级森林城市。作为生态优等生，"清新福建"再次交上了一份亮眼的绿色答卷。

五、教育扶贫

（一）定义和内涵

教育扶贫就是通过在农村普及教育，使贫困人口有机会得到他们所需要的教育，通过提高思想道德意识和掌握先进的科技文化知识来实现可持续脱贫的目的。

（二）所解决的主要问题

教育扶贫一方面要完成"保障义务教育"，另一方面要通过"发展教育脱贫一批"。主要是要通过教育扶贫提高基础教育的普及程度和办学质量、提高职业教育促进脱贫致富的能力、提高高等教育服务区域经济社会发展能力、提高继续教育服务劳动者就业创业能力。

（三）适用范围或适用条件

2016 年教育部、国家发展改革委、民政部、财政部、人力资源社会保障部、国务院扶贫办等六部门印发了《教育脱贫攻坚"十三五"规划》，从夯实教育脱贫根基、提升教育脱贫能力、拓宽教育脱贫通道、拓展教育脱贫空间、集聚教育脱贫力量五个方面入手，提出了详细具体的任务举措。在此基础上，为了进一步加大对深度贫困地区的教育扶贫力度，2018

年教育部、国务院扶贫办印发《深度贫困地区教育脱贫攻坚实施方案（2018—2020 年)》，以"三区三州"为重点，推动教育新增资金、新增项目、新增举措进一步向"三区三州"倾斜，为保障坚决打赢教育脱贫攻坚战提供了政策保障。

（四）实施或执行过程

1. 夯实基础教育扶贫

基础教育是提升国民素质和促进个人终身发展的基础，被视为实现整个国民教育体系和教育强国建设目标的奠基性工程。脱贫期间，中国瞄准贫困地区基础教育方面，不断夯实全面脱贫基础。

发展普及学前教育。《中国农村扶贫开发纲要（2011—2020 年)》将儿童扶贫开发纳入国家扶贫的政策体系，明确了学前教育助力扶贫攻坚的重要地位。贫困地区通过举办托儿所、幼儿园等，构建学前教育体系，重点保障留守儿童，并采取多种方式招收和资助建档立卡等贫困家庭子女。

开展义务教育控辍保学工作。控辍保学是"普及九年义务教育"工作提出来的一个概念，意思为控制学生失学、辍学，保证所有适龄儿童、少年入学就读，接受义务教育。脱贫攻坚期间，国务院召开全国基础教育工作会议，对抓好控辍保学工作提出明确要求，教育部专门召开全国控辍保学工作现场推进会，对控辍保学工作进行再部署再动员，压实了工作责任。指导全国 2 811 个县（占比 95％）"一县一案"制定了控辍保学工作方案。健全中小学生学籍信息管理系统和国家人口基础信息库比对核查机制，建立统一的控辍保学工作台账和在线管理平台，并确立了控辍保学工作台账月报制度，实行动态更新、销号管理，提高精准控辍水平。突出重点抓控辍，确定全国 374 个县（区）作为控辍保学国家重点监测县，将残疾儿童、留守儿童、直过民族地区适龄儿童等作为重中之重，优先帮扶。提升质量抓控辍，全面加强乡村小规模学校和乡镇寄宿制学校建设，健全困难学生帮扶制度，避免学生因为学习困难或厌学而辍学。组织开展劝返复学专项行动，辍学学生数量大幅减少。

全面改善贫困地区义务教育薄弱学校基本办学条件。2014—2018年，中央财政累计投入"全面改薄"专项补助资金1 692亿元，带动地方投入3 700多亿元。全国共新建、改扩建校舍2.24亿平方米，购置价值1 000.3亿元的设施设备，全国99.8%的义务教育学校办学条件达到基本要求，已有2 717个县（区、市）通过义务教育发展基本均衡县国家评估认定，约占全国总县数的92.7%，16个省（自治区、直辖市）整体通过认定，农村学校办学条件得到显著改善。

加强乡村教师队伍建设。发挥教师队伍在实现"义务教育有保障""发展教育脱贫一批"中的积极作用，推动"三区三州"等深度贫困地区教师队伍建设取得显著成效。截至2020年底，中西部22个省份725个集中连片特困地区县，全部实施了乡村教师生活补助政策，受益教师129.8万人。2020年特岗计划规模达到10.5万人，银龄讲学计划实施范围扩大至16个省份和新疆生产建设兵团，招募4 800名退休教师到农村开展教育支援；"国培计划"覆盖至所有深度贫困县，全国中小学教师信息技术应用能力提升工程创新培训平台单位对口"三区三州"地区开展教师信息教育教学培训，为贫困地区打造一大批本土化高素质基础教育师资；实施援藏援疆万名教师支教计划，2018—2020年两批共向西藏、新疆选派9 000余名教师。其中，2020年进一步加大对西藏、新疆支持力度，将第二批选派名额由4 000名调整为5 310名；边远贫困地区、边疆民族地区和革命老区人才支持计划教师专项计划选派2万多名教师到贫困县支教，累计选派达15万名。

加强少数民族人才培养。通过办好内地西藏班、新疆班，每年招收西藏、新疆学生2万余人，其中招收农牧民子女不少于70%、建档立卡贫困家庭子女不少于30%。实施民族预科及贫困地区民族专项招生计划，每年安排"三区三州"所在省份招生计划近 3.4 万人。每年定向招收培养西藏、新疆基层青年干部攻读公共管理硕士 300 余人。

2. 提升教育脱贫能力

脱贫攻坚期间，中国加快发展职业教育和继续教育，广泛开展公益性职业技能培训。聚焦重点人群，对建档立卡贫困家庭子女、最贫困群体、贫困残疾人等开展有针对性的教育培训。800 余万贫困家庭的子女通过职业教育实现了教育脱贫的梦想。

聚焦重点项目，实施《职业教育东西协作行动计划（2016—2020 年）》，推进东西职业院校协作全覆盖、东西中职招生协作兜底、支持职业院校全面参与东西劳务协作三大行动。东部省（市）、职教集团、职业院校累计资助资金设备超过 18 亿元，共建专业点 683 个、实训基地 338 个、分校（教学点）63 个，共同组建职教集团（联盟）99 个，就业技能培训 14 万余人，岗位技能提升培训 16 万余人，创业培训 2.3 万余人。

聚焦重点领域，在人口集中和产业发展需要的贫困地区建设一批中职学校，各地高等职业院校生均拨款水平达到 1.2 万元以上。中职毕业生就业率连续 10 年保持在 96％以上，高职毕业生半年后就业率超过 90％。联合全国总工会共同实施"农民工求学圆梦行动"，加强农民工学历继续教育和非学历培训，到 2020 年共计资助 150 万名农民工。

3. 拓宽教育脱贫通道

实施高校招生倾斜政策。脱贫攻坚期间，组织实施重点高校招收农村和贫困地区学生专项计划，取得积极成效。每年招生人数由 1 万人增至 11 万余人，累计达到近 60 万人，为农村和贫困地区学生升入重点高校提供了更多机会。

完善学生资助服务体系。全力推进学生资助工作，实现了各个学段全覆盖、公办民办学校全覆盖，家庭经济困难学生全覆盖。2012—2020 年，全国累计资助学前教育、义务教育、普通高中、中职教育、高等教育等各教育阶段学生（幼儿）8.72 亿人次，累计资助资金总额 15 441 亿元（不包括义务教育免除学杂费和免费教科书、营养膳食补助）。

实施营养改善计划。2011 年，以贫困地区和家庭经济困难学生为重点，国家启动实施农村义务教育学生营养午餐改善计划。截至 2020 年底，全国 28 个省份 1 732 个县实施了农村义务教育学生营养改善计划，覆盖学校约 13.16 万所，受益学生总数 3 797.83 万人。

4. 拓展教育脱贫空间

加强科技人才支撑。加快完善高校科技创新体系布局，积极组织引导高校发挥人才与科技优势，围绕贫困地区需求开展科技创新和技术推广，培养造就一支"懂农业、爱农村、爱农民"的人才队伍，全面助力脱贫攻坚，服务乡村振兴。

5. 集聚教育脱贫力量

激发贫困地区内生动力。长期以来，高校聚焦贫困地区需求，探索建立了"太行山道路""湖州模式""曲周模式"等具有典型示范作用的科技服务模式，围绕乡村振兴持续创新，通过"专家大院""科技小院""科技大篷车""百名教授兴百村"等多种农业科技推广的新做法，帮助贫困地区农民增产增收脱贫致富。

6. 加大财政支持力度

国家实施的一系列重大教育政策和项目，重点支持困难地区和薄弱环节。2020 年，中央财政对地方教育转移支付达 3 467.96 亿元，其中83.6%用于中西部地区。

7. 加大现代信息技术应用

连续两年组织面向"三区三州"等贫困地区的教育信息化"送培到家"活动，截至 2020 年底，累计培训 2 300 余人次。2018—2020 年组织相关企业开展信息化教学设备捐赠、数字教育资源共享、教育信息化应用服务等，捐赠金额超过 3 亿元。加快推进教育信息化基础设施建设，全国中小学校（不含教学点）的联网率从 2014 年的 77.4％增加到 2020 年的 100％，拥有多媒体教室的比例从 2014 年的 65.8％增加到 98.35％，数量从 230 万间增加到 429 万间，83.16％的学校实现多媒体教学设备全覆盖，学校统一配备的教师终端、学生终端数量分别达到 1 060 万台和 1 703 万台。

（五）实施效果

2012—2021 年，中央财政累计投入 4 000 多亿元，地方各级财政累计投入超过 1 万亿元，着力改善广大农村和贫困地区义务教育学校办学条件。2013—2019 年，贫困地区新建改扩建校舍面积约 2.21 亿平方米，2012—2021 年，全国义务教育学校生均教学及辅助用房面积从 3.7 平方米增至 5 平方米，生均体育运动场占地面积从 7.3 平方米增至 8.2 平方米，生均教学仪器设备值从 727 元增至 2 285 元，每百名学生拥有计算机台数从 7.8 台增至 16.8 台，互联网接入率由 25％提升到近 100％，新增图书 17 亿册，生均值从 19.6 册增至 28.7 册，大班额比例由 17.8％降至 0.71％。

2012—2021 年，全国小学学龄儿童净入学率从 99.85％进一步提高到 99.9％，初中阶段毛入学率始终保持在 100％以上，九年义务教育巩固率从 91.8％提高至 95.4％。2021 年，全国义务教育阶段 20 万建档立卡贫困学生辍学实现动态清零，长期存在的辍学问题得到了历史性解决。

截至 2021 年，"特岗计划"中央财政累计投入达 808 亿元，为中西部地区乡村学校补充特岗教师达 103 万人；"国培计划"聚焦乡村教师特别是"三区三州"等原深度贫困地区的乡村教师，中央财政累计投入 200 亿元，培训教师校长超过 1 800 万人次。2021 年，国家启动实施"优师计划"，每年为 832 个中西部脱贫县以及中西部陆地边境县定向培养近万名优秀教师。

（六）典型案例

1. 陕西省石泉县教育扶贫案例

"十三五"以来，石泉县继续把农村留守儿童关爱和困境儿童保障工作纳入经济社会发展总体规划和社会治理范畴，在过去已探索建立"六位一体"留守儿童关爱长效工作机制基础上，按照"22344"工作思路，持续深化关爱措施，拓宽关爱渠道，通过健全机制、建好平台、建强队伍，依法保护农村留守儿童和困境儿童合法权益，给予他们更多关爱、服务和保障，确保留守儿童和困境儿童健康成长、全面发展，并自加压力于2018年启动了全国农村留守儿童关爱保护和困境儿童保障示范县创建工作，全面推动留守儿童关爱工作再上新水平、再出新成效。

第一，建好两大中心，持续优化留守儿童的成长环境。充分发挥学校主阵地作用，以学校为主体，相继投入资金2 200余万元建成校内留守儿童成长中心25所。全面整合农村党群活动室、农家书屋、社区日间照料中心、农村幸福院、妇女儿童之家及青少年宫等活动场所，合理布局，相继建成了15所配套齐全、功能完善的儿童之家，通过定期开放并组织儿童开展活动，丰富儿童课外生活，使留守儿童的校外活动有归属、有平台、有专人管理。

第二，建强两支队伍，持续提升关爱工作的能力水平。为切实构建起留守儿童教育管护立体管护网络，在大力推进留守儿童教育管护两大中心项目建设的同时，着力加强留守儿童教育管护两支队伍建设，通过严筛选、强培训，全面提升教育管护水平。

第三，抓实三项教育，全面促进留守儿童的身心健康。充分发挥成长中心和儿童之家"心理咨询室"和"卫生保健室"作用，随时关注学校留守儿童思想动向、心理诉求及青春期性教育，对有特殊成长需求的学生及时开展心理、生理健康教育咨询、谈心辅导，及早发现并纠正心理问题和不良行为，有效弥补其成长中亲子教育出现的缺位和中断。

第四，搭建四项平台，全面拓宽留守儿童的关爱渠道。通过搭建活动育人平台、沟通交流平台、师生帮扶平台、社会援助平台，使留守儿童时时处处"心有人爱、身有人护、难有人帮"，进而在全社会形成了共同关爱帮扶工作合力。

六、社会保障兜底

（一）定义和内涵

兜底保障是一项社会保障制度，是精准扶贫的重要组成部分，也是脱贫攻坚最后一道防线。任何一个社会、任何一个时期，都会因为各种原因存在某些特殊的弱势群体和弱势人群。对这些弱势群体和弱势人群，国家和社会各方面都应当给予充分的关爱和扶持。

（二）所解决的主要问题

党的十八大以来，民政部会同有关部门健全完善农村低保、特困人员救助供养和临时救助等制度，主要为了不断提高兜底保障水平，为如期打赢脱贫攻坚战、全面建成小康社会提供了坚实的底线支撑。

（三）适用范围或适用条件

2014年2月，国务院颁布《社会救助暂行办法》，第一次以行政法规形式确立中国社会救助制度的基本框架，即包括最低生活保障、特困人员供养、受灾人员救助、医疗救助、教育救助、住房救助、就业救助、临时救助等8项政府救助制度和社会力量参与。

最低生活保障。是中国政府针对家庭年人均纯收入低于当地最低生活保障标准的农村居民推出的生活保障制度。直白的解释则是："低保"等于最低生活保障。凡是中国公民，只要其家庭人均收入低于当地城乡居民最低生活保障标准，均有从当地人民政府获得基本生活物质帮助的权利。

特困人员供养。特困人员供养，在中国，指国家对无劳动能力、无生活来源且无法定赡养、抚养、扶养义务人，或者其法定赡养、抚养、扶养义务人无赡养、抚养、扶养能力的老年人、残疾人以及未满 16 周岁的未成年人提供基本生活保障的社会救助制度。其内容包括：提供基本生活条件，对生活不能自理的给予照料，提供疾病治疗，办理丧葬事宜。特困人员供养应当与城乡居民基本养老保险、基本医疗保险、最低生活保障、孤儿基本生活保障等制度相衔接。特困供养人员可以在当地的供养服务机构集中供养，也可以在家分散供养。

受灾人员救助。指的是遭受了自然灾害的受灾人群，基本生活得不到保障的人们规定的一种补助。

医疗救助。指的是因为贫困而没有经济能力进行治病的公民实施专门的帮助和支持。它通常是在政府有关部门的主导下，社会广泛参与，通过医疗机构针对贫困人口的患病者实施的恢复其健康、维持其基本生存能力的救治行为。

教育救助。指国家或社会团体、个人为保障适龄人口获得接受教育的机会，在不同阶段向贫困地区和贫困学生提供物质和资金援助的制度。其特点是通过减免、资助等方式帮助贫困人口完成相关阶段的学业，以提高其文化技能，最终解决他们的生计问题。

住房救助。指政府向低收入家庭和其他需要保障的特殊家庭提供现金补贴或直接提供住房的一种社会救助项目。其实质和特点就是由政府承担住房市场费用与居民支付能力之间的差额，解决部分居民对住房支付能力不足的问题。

就业救助。是就业困难人员通过党和政府各项促进就业扶持政策的贯彻落实以及就业服务机构为主的有关部门的具体帮助，实现再就业，以此达到增加家庭劳动收入、摆脱贫困的目的。

临时救助。指国家对遭遇突发事件、意外伤害、重大疾病或其他特殊原因导致基本生活陷入困境，其他社会救助制度暂时无法覆盖或救助之后基本生活暂时仍有严重困难的家庭或个人给予的应急性、过渡性的救助。

（四）实施或执行过程

1. 完善低保兜底保障政策

脱贫攻坚期间，民政部等部门积极完善农村低保兜底保障政策，将符合条件的建档立卡贫困人口及时纳入兜底保障范围，实现"应保尽保"；督促农村低保标准低的地区逐步提高标准，确保全国所有县（市、区）的农村低保标准均达到或超过国家扶贫标准，在脱贫攻坚兜底保障方面发挥重要作用。2012 年以来，全国农村低保标准逐年提高。截至 2020 年底，全国农村低保平均标准已达到 5 962.3 元/（人·年）；全国农村低保资金支出逐年增长，截至 2020 年底，已达到 1 426.3 亿元。

2. 加大农村特困人员兜底保障力度

脱贫攻坚期间，中国进一步加强对农村特困人员的救助工作，2016年，将符合条件的特困人员全部纳入救助供养范围，2020 年，将特困救助供养覆盖的未成年人年龄从 16 周岁延长到 18 周岁。在此基础上，中国开始实施特困人员供养服务设施改造提升工程，以改建或扩建为主，加强县级（区域）供养服务设施建设，重点增强长期照护功能，增设失能人员生活服务照护单元以及医疗护理、康复服务等医养结合照护单元。

3. 不断加大临时救助力度

民政部不断完善细化临时救助政策规定，进一步明确发挥临时救助解决"两不愁"问题兜底作用和"三保障"问题支持作用，以及防范脱贫群众返贫等方面的政策措施，强化临时救助"兜底中的兜底"功能，建立健全工作机制，推动全面建立和实施临时救助制度，细化明确对象范围和类别、简化优化审核审批程序、科学制定救助标准，切实解决城乡困难群众遭遇的突发性、紧迫性、临时性生活困难，充分发挥临时救助在脱贫攻坚兜底保障中的重要作用。

4. 加大对贫困残疾人保障力度

贫困残疾人家庭通过劳动就业、产业分红和社会保障兜底政策实现不愁吃、不愁穿，建档立卡的适龄残疾儿童少年接受了义务教育；建档立卡贫困残疾人纳入基本医疗保障，医疗支出的负担明显减小；贫困残疾人危房户全部纳入农村危房改造项目，优先得到危房改造；各级残联通过康复治疗、辅具适配、家庭无障碍改造等政策措施扶持，有效助推了贫困残疾人脱贫攻坚进程。全国建档立卡贫困残疾人数由建档立卡之初的 600 余万人减少到 2019 年底的 48 万人。2020 年底，全国建档立卡贫困残疾人如期实现了脱贫。

5. 坚持应保尽保织密织牢兜底保障网

脱贫攻坚期间，中国持续加强农村低保制度与扶贫开发政策有效衔接，实行低保"渐退期""单人保"以及就业成本扣减等政策，充分发挥临时救助效能，认真执行社会救助和保障标准与物价上涨挂钩联动机制，将符合社会救助条件的贫困边缘人口纳入兜底保障范围，确保收入略高于扶贫线的困难群众"应保尽保"。同时，不断健全完善监测预警机制、落实落细兜底保障政策、加强特殊困难群体关爱帮扶、加大对深度贫困地区倾斜支持力度等任务。

（五）实施效果

截至 2020 年底，全国共有 1 936 万建档立卡贫困人口纳入低保或特困人员救助供养。中国残联等部门大力推进贫困残疾人脱贫行动，建档立卡之初的 600 余万建档立卡贫困残疾人到 2020 年全部脱贫。人力资源和社会保障部积极落实社会保险扶贫相关政策，到 2020 年底，全国享受基本养老保险待遇的贫困老人达到 3 014 万人，为 3 856 万贫困人口代缴城乡居民养老保险费，近 6 900 万贫困人口直接受益，符合参加基本养老保险条件的建档立卡贫困人口参保率持续保持在 99.99%。

（六）典型案例

1."八个一批"识别兜牢保障成果——永丰县兜底保障典型案例

永丰县通过"八个一批"识别对象的做法，对新增困难群众及时保障、集约保障，扎实织密织牢兜底保障网，确保脱贫群众不返贫，新增困难群众不致贫，有力巩固拓展脱贫攻坚成果，取得了较好的效果。

（1）年审普查新增一批

每年的第二季度对城乡低保进行年审，以村委会为单位，对原有对象和申请对象的全面普查，新增低保对象 1 236 户 1 756 人。

（2）预警处置识别一批

将低保对象家庭成员和其赡养、扶养、抚养人的信息录入智慧民政，实行网上家庭经济状况核对。根据江西省核对中心反馈预警信息，取消不符合对象 1 700 多户 2 600 人。

（3）信访调查发现一批

对群众来信来访，做到热情接待，充分倾听，耐心解释，凡明显不符合条件的当场答复，对疑似漏保情况，由县救助中心下达《信息处置通知单》到乡镇，由乡镇调查核实并反馈结果至县。2021 年 1—10 月份通过信访渠道，增加低保对象 35 人。

（4）信息共享落实一批

县民政局、乡村振兴局每月进行数据共享，重点比对脱贫不稳户、边缘易致贫户和当月新增、取消低保对象。2021 年 1—10 月份通过信息共享，提示乡镇政府将 16 人纳入了农村低保。

（5）跟踪督办核实一批

每季度集中开展一次低保工作督查，对全县 21 个乡镇当季新增的城乡低保对象进行了全面复核。通过督查，2021 年 1—10 月份 54 人新增纳入农村低保，调整 35 户低保保障人口或金额，取消 4 户对象低保待遇。

（6）动态管理审批一批

坚持低保按月动态调整，2021 年 1—10 月份户籍、收入、财产均符合低保条件的 213 户 298 人（年审期间新增对象除外），及时纳入了低保或特困供养，享受生活和医疗保障。

（7）临时措施保障一批

2021 年度，县乡两级同步开展临时救助，共救助临时性、过渡性、紧急性困难群众 1 437 人、310.64 万元。

（8）低收入监测认定一批

从 2021 年 8 月份开始，县民政局征集县工会、医保、人社、残联、住房、应急管理、乡村振兴等 7 个部门的困难对象信息共计 27 556 人，由各乡镇对这些对象进行常态化监测，符合条件的及时纳入特困、低保、孤儿、临时救助保障或认定为低收入人口。

七、就业扶贫

脱贫攻坚期间，人力资源和社会保障部会同有关部门，大力开展劳务协作，形成了一套专门针对贫困劳动力就业的精准帮扶政策。就业扶贫工作主要包括劳务输转（东西部扶贫劳务协作）、劳动力培训、扶贫车间建设、乡村公益性岗位开发等。

（一）定义和内涵

就业扶贫是指通过就业援助、就业培训、产业带动就业、创业带动就业等措施，提升贫困劳动力就业创业能力，帮助其实现稳定就业，促进贫困家庭尽快脱贫。

（二）所解决的主要问题

就业扶贫主要解决贫困劳动力无法充分就业的问题，旨在帮助贫困劳动力实现脱贫。对于企业等市场主体，政策重点是通过政策支持鼓励吸纳贫困劳动力就业，提供职业培训补贴和社会保险补贴。对于贫困劳动力个人，政策提供创业补贴、税费减免、职业培训生活费补贴等，鼓励参与培训和就业。此外，对于就业服务机构，政策通过提供补助等形式，鼓励他们向贫困劳动力提供就业服务。

（三）适用范围或者适用条件

就业扶贫的工作对象是已建档立卡的贫困家庭劳动力，具备劳动年龄内、有劳动能力、有就业创业愿望的条件。政策措施包括但不限于贫困劳动力转移就业、免费技能培训、创业扶持等，以提升贫困劳动力的就业能力和创业精神。

此外，为了有效解决贫困劳动力缺乏就业技能和因家庭原因无法外出的难题，人社部鼓励各地因地制宜推广就业扶贫车间、社区工厂等模式，并对吸纳贫困劳动力的用人单位给予社会保险费补贴等奖励措施。还通过发展扶贫车间、新农村基建项目优先聘用贫困劳动力、加强人岗对接等方式，动员贫困群众参与农村小型基础设施建设和创业孵化基地建设，以增加收入和释放农村人力资源红利。

（四）实施或执行过程

1. 劳务输转（东西部扶贫劳务协作）

根据贫困劳动力的就业意愿，积极开展就业服务，提供岗位信息，做好有组织输转，确保有输转意愿的建档立卡贫困劳动力应转尽转。各地还给予了补贴，以甘肃省为例：

（1）交通补贴

对输转到东部 4 市和第三方地区就业的贫困劳动力和可能致贫人口给予一次性 600 元交通补贴。对省内就近就业的贫困劳动力和可能致贫人口给予一次性 300 元交通补贴。由县（市、区）结合实际制定具体补助兑现办法并负责落实。

（2）劳务奖补

对输转到东部 4 市建档立卡贫困劳动力和可能致贫人口稳定就业连续满 3 个月后，给予 2 400 元劳务奖补；稳定就业连续满 6 个月的，再给予 3 000 元劳务奖补。对输转到第三方地区和省内就近就业的建档立卡贫困劳动力和可能致贫人口稳定就业连续满 3 个月后，给予 1 800 元劳务奖补；稳定就业连续满 6 个月的，再给予 2 400 元劳务奖补。

（3）生活费补贴

对有组织输转的建档立卡贫困劳动力和可能致贫人口稳定就业连续满 3 个月的，每人给予一次性 1 500 元的生活费补贴。

（4）生产经营主体奖补

企业、扶贫车间、合作社、家庭农场等各类生产经营主体吸纳本地贫困劳动力且稳定就业半年以上的，按 3 000 元/人标准给予生产经营主体一次性奖补；稳定就业 1 年以上的，按 5 000 元/人标准给予生产经营主体一次性奖补。

（5）劳务服务机构奖补

新冠疫情防控期间，对有组织输转贫困劳动力到企业实现稳定就业，且签订并实际履行 6 个月以上劳动合同的，按 200 元/人标准给予人力资源服务机构、劳务中介机构一次性奖补。

2. 劳动力培训

对贫困地区有培训意愿的劳动力开展就业技能培训，提升劳动力技能水平和就业创业能力。各地还给予了补贴，以甘肃省为例：

①建档立卡劳动力的培训补助标准。培训职业（工种）及补助标准按A、B、C三类执行。

A类补助标准为3 000元；具体职业（工种）为电工、焊工、中式烹调师等。

B类补助标准为2 000元；具体职业（工种）为美容师、农艺工、养老护理员、育婴员（月嫂）等。

C类补助标准为1 000元；具体职业（工种）为农村实用技术、家政服务员等。

未列入上述三类培训职业（工种）的，各市（州）结合本地特色优势产业培育、劳动力就业意向和培训成本测算，可合理增加培训职业（工种）。深度贫困地区开展上述培训的，补助标准分别上浮10%。

②非建档立卡劳动力的培训补助标准。就业技能培训补贴标准按照职业分类和培训成本分A、B、C、D四类，A类1 500元/人，B类1 200元/人，C类1 000元/人，D类600元/人。

参加创业意识培训的，给予每人不超过500元的培训补贴；参加创业能力培训的，给予每人不超过1 600元的培训补贴；参加网络创业培训或创业培训＋实训的，给予每人不超过1 900元的培训补贴。

3. 扶贫车间建设

为解决因养老扶幼等原因无法外出务工的贫困劳动力就地就近就业问题，在乡镇、村社设立加工车间，带动贫困劳动力就业脱贫。各地还给予了补贴，以甘肃省为例：

①扶贫车间吸纳10名以上建档立卡贫困劳动力，且稳定就业半年以上、按时足额支付劳动报酬的，可给予2万元的一次性补助；稳定就业3

年以上、按时足额支付劳动报酬的，可给予 6 万元的一次性补助。

②疫情防控期间，扶贫车间吸纳本地贫困劳动力且稳定就业半年以上的，按 3 000 元/人标准给予生产经营主体一次性奖补；稳定就业 1 年以上的，按 5 000 元/人标准给予生产经营主体一次性奖补。

③疫情防控期间，经认定的扶贫车间（含东西部帮扶省市创建的扶贫车间）跨省区调用原料和成品的运输，对其运输费由省市县三级按 50% 给予补贴。

4. 乡村公益性岗位开发

为了扶持农村建档立卡贫困劳动力就近就地就业，通过就业扶贫提高贫困家庭收入水平，各地开发了乡村公益性岗位，以甘肃省为例：

①乡村公益性岗位人选条件。主要是建档立卡贫困户，2020 年后，加入了防止返贫监测对象。同时对符合条件的贫困残疾人及其家庭成员、贫困重病家庭成员、贫困家庭妇女、易地扶贫零散搬迁的贫困家庭成员优先安排。

②乡村公益性岗位类别。2018 年和 2019 年主要设置了乡村道路维护、乡村保洁、乡村绿化、乡村水电保障、农村养老服务、村级就业社保协管、乡村公共安全管理、乡村公益设施管理八类别的岗位。2020 年在原有 8 个类别基础上，新设爱心理发员岗位，另外，各地可结合实际适当增加或调整岗位类别。

③乡村公益性岗位服务期限和补贴标准。乡村公益性岗位实施细则规定，服务期限原则上 3~5 年，补贴标准每人每月 500 元。

2020 年，中西部 22 省（自治区、直辖市）扶贫车间数量达到 3.3 万个，带动贫困人口就业数量近 43.9 万人。积极开展劳务协作，东部省份围绕"实现精准对接、促进稳定就业"的目标，不断健全劳务协作机制、政策措施，充分运用省内资金资源，采取积极措施吸纳西部协作省份劳动力就业，帮助西部协作省份提升就业服务能力，协助开发就地就近就业岗位。

（五）实施效果

脱贫攻坚期间，每年有 3 000 万左右的建档立卡贫困户在外务工，取得了巨大成就。

第一，务工人数大幅增加。2016—2020 年，贫困劳动力外出务工人数增加了 1 000 多万人。同时，外出务工稳定性也在不断提升。贫困劳动力外出务工时间在半年以上的比例大幅度增加。

第二，增加了工资性收入，助力全面脱贫。务工是贫困人口增加收入最直接、最有效的途径。脱贫攻坚期间外出务工已经涉及了 2/3 的贫困家庭，这些家庭 2/3 左右的收入都是来自务工。务工为打赢脱贫攻坚战提供了坚实的收入保障。

第三，增加了技能，提高了整体素质。有将近 800 万贫困家庭子女接受了职业教育，从职业学校毕业以后，就业稳定性高，有的取得了很大的成就。四川凉山州彝族会东县有个叫宁显海的贫困孩子，在攀枝花技师学院学习焊接，2017 年夺得了第 44 届世界技能大赛焊接项目的金牌。比如西安市高陵区的胡敏，通过免费助学资助在陕西汽车技工学校学习，2019 年在全国钢结构焊接职业技能竞赛中获得了"巾帼精英奖"。

第四，转变了思想观念，激发了内生动力。脱贫攻坚期间，大批的贫困人口外出务工，在依靠自己的双手增加收入的同时，开阔了眼界，解放了思想，摆脱了思想依赖，也改变了过去有一部分贫困群众听天由命、消极无为、安于现状的状况，接受了现代生活的理念、市场经济的观念，实现了"要我脱贫"向"我要脱贫"的转变，从根本上激发了他们的内生动力。

（六）典型案例

1. 甘肃：劳务协作鼓起贫困群众的钱袋子

甘肃省把劳务输转作为见效最直接最现实的脱贫措施，与东部帮扶省市搭建了农民工输转、大中专毕业生稳定就业、劳动力技能培训、劳动力就业服务、劳务输转信息服务"五大平台",与东部 4 市互设劳务协作分支机构,在对口市、区设立 54 个劳务办事处。通过每年举办东西部劳务协作"春风行动"招聘会,精准对接东部企业用工需求,准确摸清建档立卡贫困人口就业意愿和就业能力,开展有组织的劳务对接,不断增强贫困地区群众就业能力。

福州和定西通过东西协作实施"十百千万"工程,"十三五"期间建立 10 个劳务工作站、举办 10 场大型人力资源招聘会、培训 100 名双师型教师、扶持 1 000 名定西贫困家庭高校毕业生在福州市稳定就业、组织转移定西市 1 万名建档立卡贫困劳动力到福州市就业,开通了东西部扶贫协作劳务输转的"快车道"。天津市公开招聘甘肃 35 名藏区贫困家庭高校毕业生到区属事业单位工作,福州市事业单位、国企定向招录定西市建档立卡贫困家庭高校毕业生 227 名,厦门市事业单位面向临夏州招聘贫困家庭高校毕业生 45 名,实现"就业一人、脱贫一户",阻断了贫困的代际传递。

2017—2019 年,甘肃省与东部 4 市累计为贫困户提供就业岗位 5 万余个,联合开展就业培训 5.4 万人次,面向东部协作 4 市输转建档立卡劳动力 1.26 万人。

2. 湖南省祁阳县:扶技能建中心,一户培养一名产业工人

祁阳县抓住国家支持农民工等人员返乡创业试点县的机遇,创建了祁阳农村党员和青年农民(扶贫)培训中心,推进劳务协作脱贫暨"一户一就业"工程,开展靶向培训,让贫困群众真正学到一门安身立命的技能。目前,共培训创业致富带头人 1 567 人、农村实用专业技术人才 7 000 多人次,其中培训贫困劳动力 4 639 人次。建立企业就业扶贫基地,与 58 同城等网络平台长期合作,实现贫困户省内外就业 1.78 万人,形成了"培养一名学员,带动一个家庭;培养一名能人,带活一项产业;培养一

名党员，带富一方山水"的效应。

观音滩镇新龙湾村村民唐长青一家，家有病人，身无技能，生活贫困。在镇村帮扶下，唐长青和儿子参加了创业培训。现在，儿子当上了快递员，他做起了泥水工，家庭稳定年收入可达 10 万元以上，还建起 240 余平方米新房，从贫困户变身为小康户。

3. 陕西商南：开发公益性岗位安置困难群众

2018 年，陕西省商南县人社局不断完善政策，结合农村环境综合整治、乡村振兴、全域旅游创建等工作，在全县开发就业扶贫公益性岗位，主要从事本组村庄、河道、道路清洁等工作，聘用未脱贫贫困劳动力，每人每月给予 400 元的公益性岗位补贴，共安置 1 247 名未脱贫劳动力就业。

商南县按照"因事设岗、以岗定人、按需定员"的原则，在全县 69 个贫困村开发 149 个特设就业扶贫公益性岗位，主要从事农村孤寡老人及留守儿童看护、治安联防协管、绿化保洁、农村互助幸福院和驻村工作队后勤保障服务等公共服务工作，每人每月给予 600 元的公益性岗位补贴。

此外，商南县还积极落实省市公益专岗开发利用工作要求，全面开展调查摸底，摸清全县 80 余家机关事业单位公益专岗开发需求，将本县机关事业单位新增或调剂出服务性、辅助性岗位纳入公益专岗开发计划；通过在全县镇村张贴省市公益专岗招聘公告、定期发送动态信息、动员镇村工作人员及驻村工作队入户宣传、定期举办招聘活动等形式，宣传省市县公益专岗用工信息，动员贫困劳动力报名应聘上岗，有效激发贫困劳动力内生动力，变"输血式"扶贫为"造血式"扶贫。

八、健康扶贫

（一）定义和内涵

健康扶贫是指通过提升医疗保障水平，采取疾病分类救治，提高医疗服务能力，加强公共卫生服务等措施，让贫困人口能够"看得上病、方便看病、看得起病、看得好病、防得住病"，确保贫困群众"健康有人管，患病有人治，治病能报销，大病有救助"。

（二）所解决的主要问题

主要解决了四个方面的问题：确保贫困人口能够"看得上病、方便看病、看得好病、防得住病"。具体来说：

"看得上病"：通过提升医疗保障水平，确保贫困人口有途径获得基本的医疗服务。

"方便看病"：通过优化医疗服务流程，使得贫困人口能够便捷地获得医疗服务和治疗。

"看得好病"：通过提高医疗服务能力，确保贫困人口能够得到高质量的医疗服务。

"防得住病"：通过加强公共卫生服务，预防疾病的发生，减少贫困人口因病致贫的风险。

（三）适用范围或者适用条件

面向全体建档立卡贫困人口，特别是因为贫穷看不起病，或者因为医疗条件差，不方便看病和看不好病的群体。

（四）实施或执行过程

一是大病分类救治，按照"定定点医院、定诊疗方案、加强质量安全管理"的原则，对罹患 30 种大病住院患者进行规范化治疗。

二是家庭医生签约服务，开展脱贫人口和监测对象家庭医生签约服务工作，规范开展高血压、糖尿病、结核病、严重精神障碍四种慢病患者管理和健康服务。

三是标准化卫生室建设，村卫生室配备合格村医和医疗设备，基本药物不低于 50 种，500 人以下的村卫生室不低于 40 平方米，至少设有诊断室（预防保健室）、治疗室和药房；500 人以上的村不低于 60 平方米，至少设有诊断室、治疗室、公共卫生室（预防保健室）和药房。

四是乡村医疗卫生机构和人员"空白点"动态清零，农村医疗卫生服务实现全覆盖。

五是农村低保对象、特困人员和易返贫致贫人口在县域内住院实行"先诊疗后付费政策"，患者入院时不需要交纳住院押金，只需在出院时支付医保报销后的自付医疗费用。

（五）实施效果

截至 2020 年底，农村贫困人口参保率达到 99.99％，基本实现应保尽保。全面实现农村贫困人口基本医疗有保障，贫困人口县域内就诊率达到 90％以上，已有近千万因病致贫返贫的贫困户实现脱贫。基本医保普惠实施主体保障，大病保险加大倾斜支付，医疗救助托底保障功能日益增强。三重保障制度联动衔接梯次减负，农村贫困人口医疗费用负担明显减轻。组织开展药品集中采购和使用试点，并实现全国扩围，25 个中选药品价格大幅度下降，为患者和医保基金节约支出 253 亿元，有效减轻贫困人口特定药品费用负担。通过定定点医院、定临床路径、定单病种付费标准，加强医疗质量管理与责任落实，与 2016 年相比，2020 年部分大病专项救治病种人均医疗费用持续下降。

（六）典型案例

1. 山西广灵县：保险救助全覆盖，帮扶体系保健康

为使贫困人口能够有医保制度保障看病，不再因大病、重病导致家庭基本生活有问题，广灵县形成了以"三保险三救助"为中心的医保帮扶体

系。一是实施"136"兜底保障政策，建档立卡贫困户在县级市级省级住院，医保目录内费用，个人年度自付封顶额分别为 1 000 元、3 000 元、6 000 元，个人自付封顶额以上的部分全部由医保基金报销。二是降低医疗保障扶贫对象大病保险起付线，由 1 万元降到 5 000 元，支付比例提高 80％，取消了大病保险封顶线。三是建档立卡贫困患者，住院目录外控制比例范围内的费用，有补充医疗保险按 85％ 的比例给予报销。四是为让每位贫困人口都能享受医保待遇，县财政资金对农村建档立卡贫困人口个人参保缴费给予全额救助，确保了全民参保目标的实现。通过"三保险"，建档立卡贫困患者省内住院报销比例基本达到 90％，全县每年平均受益 5 000 余人次，极大地缓解了贫困群众的支付压力，从根本上解决了看病贵的问题，真正实现了医疗保障托起人民健康之底。

2. 新疆阿克苏地区：医共体让医疗资源"下沉"乡村

在阿克苏地区柯坪县人民医院，院领导班子成员"包联"乡镇卫生院，县医院科室"包联"乡镇卫生院科室，使乡镇卫生院的人事、财务、资产、业务、药品耗材目录和配送、信息系统与县医院实现统一管理，建成了以县级医院为龙头、乡（镇）卫生院为支撑、村卫生室为基础的医疗联合体系。同时将县域内人民医院、中医医院、疾病预防控制中心、妇幼保健院、乡镇卫生院进行整合，通过医护人员中长期派驻、"以科包院"、对口支援帮扶等方式，对紧密型医共体成员单位实行全方位托管。医共体牵头医院将普通门诊下沉到基层，将康复期病人转到基层，将医生派到基层，把临床带教点搬到基层，既提升了基层医疗水平，又破解了基层卫生人才招不进、留不住的难题。医共体建设促进优质医疗资源下沉基层，让群众看病"少跑腿"，满足群众就近"看得好病"的需求，促进"小病不出村、大病不出县"的目标实现。

3. 内蒙古喀喇沁旗：斗赢"病魔"战胜"穷魔"

"海珍海珍，最是贴心。"最近，在喀喇沁旗十家满族乡四道营子村，村医季海珍受到了村里群众的一致称赞。自健康扶贫工程实施以来，她除了要负担全村 400 余户 2 000 余口人的基本医疗服务外，还担任了 19 户因病致贫人口的家庭签约医生，为这些贫困家庭送医配药、开展健康指导，成了季海珍的工作常态。几年来，喀喇沁旗本着"治愈一人，脱贫一户"做实做细建档立卡贫困人口签约服务工作，做到应签尽签，已实现家庭医生签约服务对常住贫困人口的全覆盖，对高血压、糖尿病等慢病患者提供了规范管理和健康服务，对脑血管疾病、冠心病等慢病患者提供了有针对性的健康教育，33 万贫困慢病患者享受了签约服务。没有全民健康，就没有全面小康。家庭医生面向贫困人口的签约服务有效解决贫困人口"基本医疗有保障"突出问题，精准织牢健康扶贫"保障网"，坚决不让"病根"变"穷根"。

九、光伏扶贫

（一）定义和内涵

光伏扶贫主要是在住房屋顶和农业大棚上铺设太阳能电池板，"自发自用、多余上网"。也就是说，农民可以自己使用这些电能，并将多余的电量卖给国家电网。通过分布式太阳能发电，每户人家都将成为微型太阳能电站。光伏扶贫作为国务院扶贫办 2015 年确定实施的"十大精准扶贫工程"之一，充分利用了贫困地区太阳能资源丰富的优势，通过开发太阳能资源、连续 25 年产生的稳定收益，实现了扶贫开发和新能源利用、节能减排相结合。

（二）所解决的主要问题

光伏扶贫主要解决的问题包括缓解用电紧张状况、补充大电网稳定性的不足、促进贫困地区的经济发展、提高乡村治理能力等。光伏扶贫通过利用太阳能资源，为贫困地区提供清洁能源，有效缓解了局部地区的用电紧张状况。分布式光伏发电项目在发电过程中没有噪声，也不会对空气和水产生污染，虽然能量密度相对较低，但能够在一定程度上弥补大电网稳定性的不足，确保在意外发生时继续供电。

光伏扶贫不仅为贫困户带来了经济收益，还促进了贫困地区的经济发展。

（三）适用范围或者适用条件

光伏扶贫的适用范围非常广泛，几乎涵盖了所有光照资源条件较好的地区。光伏扶贫作为一种有效的扶贫方式，其应用范围不仅限于特定的地区或条件，而是根据各地的实际情况和资源条件，因地制宜地开展。

（四）实施或者执行过程

1. 建设各类光伏电站

2015 年这项工作启动以来，国家能源局先后五批下达了光伏扶贫的专项建设规模和计划，地方也参照国家政策组织实施了一批光伏扶贫的项目。

2. 通过完善政策体系确保贫困人口收益

实施"四优两不"政策，"四优"就是优先下达建设规模和计划，优先调度保证全额消纳，优先列入财政补贴目录，优先发放财政补助资金。"两不"就是在近年光伏电站造价不断降低的情况下，对光伏扶贫电站的电价实行不竞价、不退坡，这些政策有效保证了光伏扶贫的收益。

3. 提升管理水平

一是审核好，依托全国扶贫信息系统，对地方申报的光伏扶贫项目进行严格审核，确保对应的是建档立卡贫困村，覆盖的是建档立卡贫困人口。二是建设好，依托全国光伏扶贫信息管理系统，通过这个系统对所有的光伏扶贫电站进行统一编码，实行目录管理，保证精细化管理。三是运维好，依托国网公司，建立了全国光伏扶贫信息管理云平台，通过这个平台对光伏扶贫电站实行全生命周期的运行监测管理，保证电站能够长期稳定运行。

（五）实施效果

脱贫攻坚期间，中国累计建成光伏扶贫电站 2 636 万千瓦，惠及 6 万个贫困村、415 万贫困户，每年可实现电费和补贴收入约 180 亿元。

（六）典型案例

1. 青海："牧光互补"荒漠变绿洲

青海省立足资源禀赋，依托地形优势和光照条件，借助光伏发电产业，建立"牧光互补＋水光互补"新发展模式，大力发展"板"下经济，探索出一条光伏生态园和藏羊养殖产业发展相结合，绿色、低碳、循环发展的新路子。

青海省海南藏族自治州共和县塔拉滩光伏园年均发电量 100 亿千瓦时，植被覆盖率达 80％。原本的"荒漠之地"变为"生态绿洲"，这里的环境得到很大改善。同时，在太阳能光伏板的遮挡下，园区土壤涵水能力较高，野草生长迅猛，一定程度影响了光伏板吸收太阳能的效率。把羊群放入园区，便成为两全之策。

板上发电、板下牧羊，在光伏园区放养的藏羊吃掉了生长茂盛的杂草，不仅节省了牧民的饲料成本，而且减少了光伏园除去杂草的人工成本，实现了光伏企业和农牧民双向受益。同时，通过羊粪施肥、养膘出栏，更好地保持了园区生态良性循环发展，当地农牧民养殖藏羊的收益也得到了提高。截至 2022 年底，海南州光伏生态园养殖藏羊 2 万多只，年牧草产量达 11.8 万吨，年节约养殖成本 720 万元。

2. 湖北秭归：绿色能源的强大动力

作为国家电网定点扶贫县，秭归县抢抓国家电网"阳光扶贫行动"机遇，截至 2020 年，全县共建成光伏扶贫电站 50 座，总装机容量 10.86 兆瓦，项目覆盖所有重点贫困村，惠及 9 119 户贫困户，持续稳定推动贫困村集体经济和受益贫困户收入双增收。

秭归县在实践中积极探索"光伏＋"的综合开发路子，坚持因时因地制宜，在不影响电站发电能力的前提下，如通过"光伏＋食用菌"模式，茅坪镇建东村在光伏板下种植羊肚菌 7 亩，每年增收 3 万元；通过"光伏＋花卉"模式，茅坪镇建东村在光伏板下种植观赏性植物蚊母 5 亩，年收入达 20 万元，等等。

此外，秭归县所有村级光伏扶贫电站全部完成资产确权到村集体，光伏电站每年可增加村集体经济收入 20 万元以上，使得村集体"有钱办事"，近年来，全县累计投入 864.50 万元实施小型公益事业建设。光伏扶贫收益成为村集体经济的"阳光存折"。

◎ 第五章 通过严格标准、有序退出解决 "如何退" 的问题

一、政策内涵

贫困退出是指贫困县、贫困村、贫困户经过政府和社会的帮扶以及自身的努力发展，达到了特定的标准，即可通过科学严格的评定程序，从贫困地区和贫困人口的名单中剔除，成为脱贫摘帽县、脱贫摘帽村和建档立卡脱贫户。脱贫地区和脱贫人口也有一系列科学的管理办法，保证其稳定脱贫、可持续发展。

2016 年 4 月，中共中央办公厅、国务院办公厅印发了《关于建立贫困退出机制的意见》，以脱贫实效为依据，以群众认可为标准，建立严格、规范、透明的贫困退出机制，促进贫困人口、贫困村、贫困县在 2020 年以前有序退出，确保如期实现脱贫攻坚目标。在解决 "如何退" 的问题，中国坚持实事求是，注重脱贫质量，对稳定达到脱贫标准的及时退出，新增贫困人口或返贫人口也会及时纳入扶贫范围，坚决防止虚假脱贫，确保了贫困退出反映客观实际、经得起检验。

二、解决的主要问题

贫困退出政策实施的目的以及解决的核心问题是通过一套科学严格的退出机制，认定已经摆脱贫困的地区和人口，以此为依据，对帮扶政策和

管理政策等方面做出调整。

中国制定了"到 2020 年农村贫困人口实现脱贫、贫困县全部摘帽"的总体目标，并且设置了一个脱贫退出的时间表，分阶段、分步骤逐渐实现脱贫摘帽退出。实际操作上，实行计划规模逐级分解的方法，以中央统筹、省（自治区、直辖市）负总责、市（地）县抓落实的工作机制抓落实。国家制定年度减贫目标，计划每年减贫 1 000 万人以上，并根据各地区经济社会发展情况以及贫困地区、贫困人口的特征，将减贫数量的计划目标分解到各个省（自治区、直辖市）。各个省（自治区、直辖市）根据省内实际情况，有针对性地制定各市（区、县）的贫困退出目标和年度计划，就这样层层分解到县、乡镇、村。

三、适用范围

贫困退出政策的适用范围是所有的贫困县、贫困村和建档立卡贫困户。县、村、户都有相应的退出标准和退出程序。国务院扶贫办对贫困县、贫困村和贫困户制定了统一的退出标准和程序。各省份以国家统一标准为根本依据，实际操作中也会根据各自情况，有所创新，不尽相同。

贫困村退出以贫困发生率为主要衡量标准，统筹考虑村内基础设施、基本公共服务、产业发展、集体经济收入等综合因素。原则上贫困村贫困发生率降至 2% 以下（西部地区降至 3% 以下），可以退出。

贫困人口退出以户为单位，退出标准与贫困识别标准一致，即收入＋"两不愁三保障"的综合标准。该户年人均纯收入稳定超过国家扶贫标准且吃穿不愁，义务教育、基本医疗和住房安全有保障，即可按程序退出。

四、实施过程

(一) 贫困县退出程序

贫困县退出，由县级扶贫开发领导小组提出退出申请，市级扶贫开发领导小组初审，省级扶贫开发领导小组核查，确定退出名单后向社会公示征求意见。公示无异议的，由各省（自治区、直辖市）扶贫开发领导小组审定后向国务院扶贫办报告。国务院扶贫办组织中央和国家机关有关部门及相关力量对地方退出情况进行专项评估检查。对不符合条件或未完整履行退出程序的，责成相关地方进行核查处理。对符合退出条件的贫困县，由省级政府正式批准退出。

(二) 贫困村退出程序

一般情况下，市级脱贫攻坚领导小组是贫困村退出验收的责任主体，验收程序包括乡村自评、市县验收、认定公告等。乡村自评是指每年固定时间，由乡镇组织村干部和驻村帮扶工作队对贫困村退出验收指标达标情况进行测评，达到退出验收标准的贫困村，填写《贫困村退出验收表》，由村主任、驻村帮扶工作队队长签字确认，并在本乡镇范围内公示，公示无异议后，由乡镇报县（市、区）脱贫攻坚领导小组。市县验收是指由市级脱贫攻坚领导小组对乡镇上报的拟退出贫困村逐村逐项实地进行验收，验收工作组根据市直相关行业部门提供的汇总表进村核实，在《贫困村退出验收表》上填写部门认定意见及验收工作组意见，形成验收结果，由验收工作组组长签字确认。认定公告是指对照贫困村退出验收指标全部达标的，形成本市退出贫困村名单，市、县、乡镇负责同志分别签字确认，在乡镇、市县级公示无异议后，公告退出，并报省脱贫攻坚领导小组办公室备案。

（三）贫困户退出程序

贫困户在退出程序上，一般由村组织民主评议后提出，经村干部和驻村工作队核实、拟退出贫困户认可，在村内公示无异议后，逐级提交乡镇、县区和省市验收，具体操作流程与贫困村退出流程相似。最终验收通过且公示无异议后，发布退出公告，并在建档立卡贫困人口中销号。

（四）第三方评估验收

为确保脱贫成效真实，得到社会和群众认可、经得起实践和历史检验，中央出台《省级党委和政府扶贫开发工作成效考核办法》，实行最严格的考核评估制度。其中，第三方评估是中国脱贫攻坚验收考核中的一项重要制度性安排，通过引入独立于政府部门之外的专业组织开展政府绩效考核，弥补了政府内部自我评估的缺陷，提升了政府绩效评估的客观性和公正性，是客观评判各级政府扶贫开发工作精准度、群众满意度的重要依据。

2018 年以前，脱贫摘帽的第三方评估是由国家层面组织的，随着贫困退出的规模越来越大，逐渐由各省（自治区、直辖市）扶贫开发领导小组负责本省的脱贫摘帽工作。各省（自治区、直辖市）根据国家的统一要求，制定发布本地区第三方评估的考核办法，建立完善以考核验收为主导、以评估结果为支撑的扶贫开发工作评价体系。通过公开竞标方式，向社会公开招标第三方评估团队。在规定的时间内，配合第三方评估团队对本省（自治区、直辖市）的贫困县退出情况或扶贫开发成效进行评估，并对评估成果进行运用。

（五）强化监督检查

中国把全面从严治党要求贯穿脱贫攻坚全过程各环节，多种方式对各地落实党中央决策部署开展监督检查，包括省际交叉考核、媒体暗访、群众监督、督查巡视等，建立了党内与党外相结合、政府与社会相结合的全方位监督体系，有效防止弄虚作假、贪污腐败等问题。

其中，省际交叉考核是指从各省（自治区、直辖市）扶贫开发领导小组成员单位抽调组成检查小组，对其他省（自治区、直辖市）的扶贫成效进行实地调查检查，检查方法主要包括省县情况交流、基层座谈访谈、政策项目抽查、入户调查核实相结合等。

民主监督是指从 2016 年开始，受中共中央委托，8 个民主党派中央对口 8 个脱贫攻坚任务重的省份开展民主监督，深入对口地方一线调查研究，对脱贫攻坚落实情况进行监督。

审计监督是指审计署每年持续组织实施脱贫攻坚政策措施落实和重点资金项目跟踪审计，实现了对 832 个贫困县的扶贫审计全覆盖。

行业监督是指发展改革、财政、教育、住房建设、卫生健康、医疗保障、水利等部门围绕脱贫攻坚政策举措和任务落实加强行业监督。

社会监督是指 2014 年 12 月开通了 12317 扶贫监督举报电话，接受社会监督，主要受理对扶贫资金管理、分配、使用中的问题，扶贫项目实施管理中的问题以及挤占、贪污、挪用扶贫资金等行为的反映和投诉。新闻媒体加大监督力度，及时曝光脱贫攻坚中存在的问题，提出建设性意见和建议。

严格的考核评估，特别是考核成果的应用，起到了保持压力、促进落实的作用。地方政府责任是否落实、政策是否落实、帮扶是否精准、退出是否精准、群众是否满意，都要通过考核来检验。对考核比较靠前的，通报表扬，并在扶贫资金分配中给予倾斜，给予奖励。对考核一般或者发现了突出问题的，中央会约谈省里主要领导或者分管领导，一级一级强化责任落实，及时发现问题，及时改进，有效展开工作。考核的结果应用，还会抄送给各级组织人事部门，作为干部选用的重要参考。

五、实施效果及注意事项

（一）实施效果

在贫困退出的过程中，各地区按照工作要求，严格执行退出标准，严格规范工作流程，贫困人口退出实行民主评议，贫困村、贫困县退出进行审核审查，退出结果公示公告，让群众参与评价，做到程序公开、数据准确、档案完整、结果公正。

脱贫攻坚开展以来，中国制定年度减贫目标，计划每年减贫 1 000 万人以上，实际上，2019 年之前中国每年都超额完成年度减贫目标，2014—2020 年每年分别减贫 1 232 万人、1 442 万人、1 240 万人、1 289 万人、1 386 万人、1 109 万人和 551 万人（图 5-1）。经过 8 年持续奋斗，到 2020 年底，中国如期完成脱贫攻坚目标任务，现行标准下 9 899 万农村贫困人口全部脱贫，832 个贫困县全部摘帽（图 5-2），12.8 万个贫困村全部出列，区域性整体贫困得到解决，完成消除绝对贫困的艰巨任务。

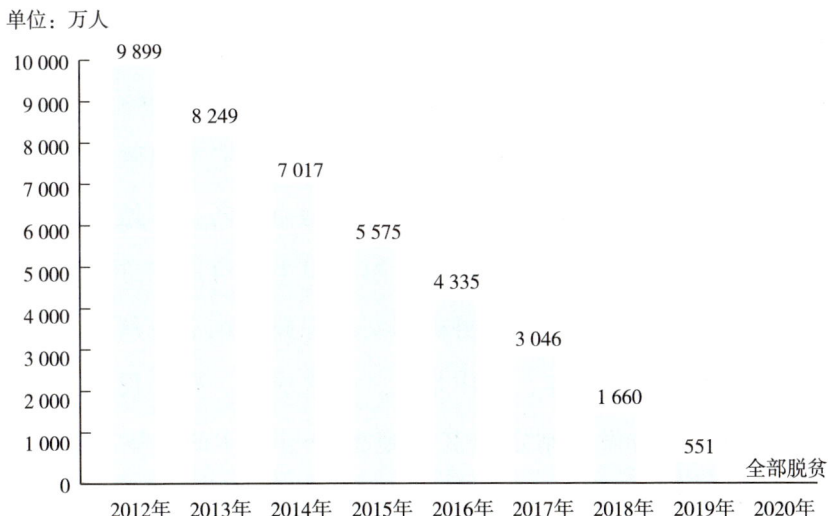

图 5-1　脱贫攻坚战以来中国农村贫困人口变化情况

单位：个

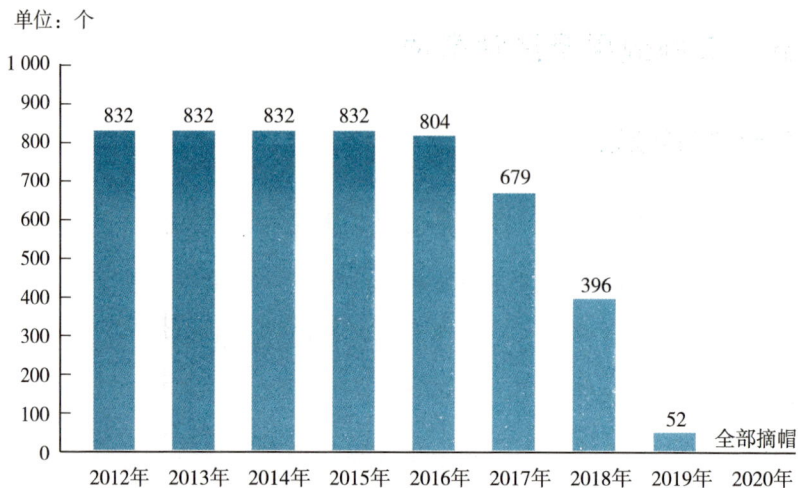

图 5-2   脱贫攻坚战以来贫困县数量

（二）注意事项

一是要确定各级分工明确的工作机制。中国在贫困退出的过程中，实行中央统筹、省（自治区、直辖市）负总责、市（地）县抓落实的工作机制。国务院扶贫办制定统一的退出标准和程序，负责督促指导、抽查核查、评估考核、备案登记等工作，既防止了数字脱贫、虚假脱贫等"被脱贫"，也防止了达到标准不愿退出等"该退不退"。各省（自治区、直辖市）以国家扶贫战略为依据，制定本地脱贫规划、年度计划和实施办法，抓好组织实施和监督检查。各市（地）县汇总数据，甄别情况，具体落实，确保了贫困退出工作有序推进。在具体的实施过程中，各省区的贫困退出机制实施思路和内容有所差异，各地政府都根据扶贫攻坚任务、工作难度、扶贫成本、资金投入等因素提出了因地制宜的方案，制定减贫实施思路与具体的方案和内容。例如，对于提前退出的贫困县，各地会制定相应奖励政策，鼓励脱贫摘帽。

二是要实行严格的考核评估和监督检查。贫困退出的考核评估，不是简单的检查、统计、听汇报，而是一个完整的体系。考核的方式可以是省际的交叉考核、第三方评估以及社会监督等，通过年终考核和平时考核相结合，定性定量相结合，形成一套完整的考核体系，充分体现独立、客观、公正、科学的原则，确保扶贫工作务实、脱贫过程扎实、脱贫结果真实，使脱贫成果经得起实践和历史检验。

三是要脱贫摘帽后留出政策缓冲期。贫困地区脱贫摘帽后，一般自我发展能力仍然较弱，返贫致贫的风险依然存在，许多帮扶措施不仅在脱贫攻坚期发挥了重要作用，在长期还将对防止致贫返贫、缓解相对贫困继续发挥重要作用。因此，就必须留出缓冲期，在一定时间内保持扶贫政策稳定，并根据情况变化不断完善，持续增强脱贫地区和脱贫人口的内生发展动力。正如习近平主席强调，"贫困县摘帽后，也不能马上撤摊子、甩包袱、歇歇脚，要继续完成剩余贫困人口脱贫问题，做到摘帽不摘责任、摘帽不摘政策、摘帽不摘帮扶、摘帽不摘监管。"

六、典型案例

（一）各地方的减贫推进速度和退出程度有所不同

各地方的减贫推进速度和退出程度有所不同。一般情况下，经济社会发展基础好的早退出、多退出，相对基础差的后退出、晚退出。例如，基础相对较好的河北省，到 2017 年底，40 个国家扶贫开发工作重点县、省级扶贫开发工作重点县全部实现脱贫出列。基础相对较差的甘肃省，在 2015—2017 年提出了"三年扶贫攻坚，三年巩固提高"的退出目标，全省 425 万贫困人口、78 个贫困县实现全部脱贫，贫困面下降 30 个百分点；2018—2020 年陆续实施减贫年度计划，一直到 2020 年 11 月，全省 75 个贫困县才全部摘帽退出。

（二）甘肃省贫困退出标准

甘肃省在国家贫困退出标准的基础上进一步细化工作，针对贫困县制定了 7 项脱贫指标（表 5-1），针对贫困村制定了 20 项脱贫目标（表 5-2），针对贫困户制了 11 项脱贫目标（表 5-3）。

表 5-1　甘肃省贫困县退出验收标准

类别	验收指标
贫困人口	贫困发生率降至 3％以下
住房	危房改造完成率达到 100％
饮水	饮水安全农户比例达到 95％以上
教育	义务教育巩固率达到全省贫困县平均水平
医疗	城乡居民基本医疗保险参保率达到 95％以上
	参加基本医疗保险患病人口全部享受了基本医保相关政策
	符合条件的患病人口全部享受了大病保险（含门诊慢特病）、医疗救助（含重特大疾病）、疾病应急救助等相关政策

表 5-2　甘肃省贫困村退出验收标准

指标类别		验收指标
贫困发生率		贫困发生率降至 3％以下
基础设施	路	建制村通硬化路
		有通自然村的道路
	水	饮水安全农户比例达到 100％
	电	通动力电的自然村比例达到 100％
	房	危房改造完成率达到 100％
	网	建制村通网络
产业发展		有主导产业
		有农民专业合作组织覆盖
		有互助资金协会（社）
		有集体经济收入

（续）

指标类别		验收指标
公共服务	教育	义务教育阶段适龄人口无辍学学生
		有需求的村建有幼儿园
	医疗	有标准化村卫生室
		城乡居民基本医疗保险参保率达到95%以上
		参加基本医疗保险患病人口全部享受了基本医保相关政策
		符合条件的患病人口全部享受了大病保险（含门诊慢特病）、医疗救助（含重特大疾病）、疾病应急救助等相关政策
	文化	有综合性文化服务中心（乡村舞台）
	养老	城乡居民基本养老保险参保率达到95%以上
人居环境		村容村貌整洁

表5-3　甘肃省贫困户退出验收标准

指标类别		验收指标
收入		人均纯收入稳定超过当年省定退出验收标准
		有增收渠道
		无因病因学因房大额借贷（5万元以上）
两不愁		不愁吃、不愁穿
		有安全饮水
三保障	义务教育有保障	义务教育阶段适龄人口无辍学学生
		接受学前和高中阶段教育的学生享受了相关特惠政策
	基本医疗有保障	家庭成员全部参加了城乡居民基本医疗保险并享受了参保费用补贴政策
		患病人口享受了基本医保特惠政策
		符合条件的患病人口享受了大病保险（含门诊慢特病）、医疗救助（含重特大疾病）、疾病应急救助等特惠政策
	住房安全有保障	有安全住房

（三）第三方评估的实施案例

第三方评估的人员一般是高校师生，也有部分研究院、智库、研究类企业的工作人员等，基本的学历要求是硕士以上，也有少量优秀且有一定实践经验的大四学生。调查员培训和选任是非常重要的环节。所有调查员在开展工作前都会接受政策培训和入户访谈技巧培训，让参与调查的人都了解脱贫攻坚的各项政策和入户调查的相关技巧。培训结束后，还要进行考试，只有成绩达标才能正式成为一名调查员。

第三方评估对象是当年申请退出的贫困县。扶贫开发成效的第三方评估是全省所有市的抽样县。第三方评估采取抽样调查制度，抽样的程序非常严格。一般情况下，在一个县进行调查时，会事先抽取拟调查的村子，但抽样结果是高度保密的，调查员一般在出发之前1个半小时才能告知地方。进村后再根据建档立卡户贫困户、建档立卡户脱贫户和非建档立卡户的特定比例，随机抽取入户家庭。

第三方评估的关键内容是"两率一度"，即脱贫人口退出准确率、摘帽县贫困发生率、群众帮扶满意度，确保退出结果真实。调查员综合评估贫困户的基本诉求、生活水平、发展能力、帮扶成效，结合实地查看和访谈信息，重点从收入标准、"两不愁三保障"、帮扶措施满意度和驻村干部满意度等方面进行评估。

入户的调查员，一般是两人一组，一个负责问卷调查和资料核对，一个负责拍照、录像获取各类影像资料。入户时，地方干部可以引导位置，但是不能陪同调查，只能由调查员入户独立进行调查。调查过程中，国家建档立卡信息系统的数据库发挥了很大作用，每一户建档立卡户的详细情况都能在系统中查到，包括家庭人数，成员年龄，是否就学、是否就医，家庭地址具体的经纬度等，调查员可以作为参考。

调查员形成初步意见后，由小组长、评估团团长等逐级进行信息汇总、审查讨论。在这个过程中，还要采纳其他方面的意见，例如，在县级小组阶段，如果认为有问题的，会向县里反馈意见，县里可以进行自辩，或者提供相关的证据，这些意见和证据也会一同上报，直到专家组手里，如果专家组不能统一意见，会继续上报到国务院扶贫办，由扶贫办召集专家再一次讨论。最终的第三方评估成果用于决定是否通过贫困县退出的申请或调整完善扶贫政策。

（四）河北省深入开展扶贫领域腐败和作风问题专项治理

河北省聚焦主体责任、监督责任和职能部门监管职责不落实问题，加大监督考核力度。紧盯精准扶贫政策落实和腐败、作风问题，由主要领导带头深入扶贫职能部门和基层单位督导调研。2019 年 10 月，河北省纪委监委到 8 个当年度脱贫摘帽县逐一进行调研督导，针对调研中发现的精准识别、产业扶贫、住房保障、政策宣传、工作作风等 9 个方面的问题，河北省纪委监委及时督促市县纪委监委强化监督执纪问责，着力推动问题解决。

河北省纪检监察机关完善信访举报平台，对所有国家级贫困县逐一深入开展察访。仅 2019 年，共发现健康扶贫、住房安全、扶贫产业等 10 个方面 76 个问题，市县纪检监察机关组织察访 970 次，发现问题线索 901 件。同时，河北省纪检监察机关聚焦重点领域，以督促整改推进专项治理深化。比如，河北省纪委监委派驻机构督促河北省财政厅出台《河北省财政厅财政扶贫资金动态监控工作流程》，规范和强化财政扶贫资金监管，加强风险防控。针对扶贫责任不落实、政策不落实、工作不落实等问题，河北省各级纪检监察机关坚持严查快处，并对扶贫工作中弄虚作假、不担当、不作为、形式主义、官僚主义等损害群众利益的腐败和作风问题发现一起查处一起。

◎ 第六章 通过跟踪监测、防止返贫解决"如何稳"的问题

2020 年，中国实现了全面脱贫，但是还有一部分群众脱贫基础比较脆弱，防止返贫的任务还很重。有些脱贫地区灾害高发频发，产业基础薄弱，保障水平不高；脱贫人口稳定就业增收能力弱，因病、因学、因残等都容易造成返贫致贫。此外，易地扶贫搬迁后续扶持工作涉及面广、任务也很繁重，实现搬迁人口稳得住、有就业、能致富，还面临很多困难和挑战。

为了进一步保障脱贫人口稳定发展，防止再次返贫，在脱贫攻坚目标任务完成后，对脱贫县，从脱贫之日起设立 5 年过渡期，严格落实"四个不摘"要求（摘帽不摘责任：即使贫困县摘掉了贫困的帽子，党政正职的责任不变，必须保持稳定，继续推进相关工作。摘帽不摘政策：脱贫攻坚的主要政策继续执行，为贫困县提供必要的支持和发展动力。摘帽不摘帮扶：扶贫工作队伍不得撤离，继续为贫困县提供指导和帮助。摘帽不摘监管：防止返贫的任务依然重要，相关部门需继续加强监督和管理，确保脱贫成效得以维持），进一步巩固脱贫成果，促进脱贫人口可持续发展。

一、政策内涵

防止返贫监测与帮扶机制，主要指对脱贫不稳定户、边缘易致贫户，以及因病因灾因意外事故等刚性支出较大或收入大幅缩减导致基本生活出

现严重困难户，开展定期检查、动态管理，根据监测情况进行持续的常态化帮扶。

重点监测其收入支出状况、"两不愁三保障"及饮水安全状况，合理确定监测标准。在此基础上，开展监测对象常态化监测和集中排查，进一步提升识别精准性、帮扶针对性，及时化解返贫致贫风险隐患。

根据监测对象的风险类别、发展需求等开展帮扶措施。对风险单一的，实施单项措施，防止陷入福利陷阱；对风险复杂多样的，因户施策落实综合性帮扶。对有劳动能力的，要坚持开发式帮扶方针，通过技能培训、发展产业、稳定就业等措施，提升能力，增加收入。对无劳动能力或无法通过产业就业获得稳定收入的，纳入农村低保或特困人员救助供养范围，同时做好后续跟踪监测。对内生动力不足的，要持续扶志扶智，激发内生动力，增强发展能力。

二、政策实施的目的和解决的问题

防返贫监测的目的，是指围绕"两不愁三保障"主要指标，统筹政府、市场和社会资源，围绕产业、就业、社会保障等多方面内容加强对脱贫地区的持续性扶持，围绕脱贫地区和脱贫人口可持续发展需求多方面持续发力，夯实脱贫地区的脱贫成果，确保不出现规模性返贫，进一步提升脱贫地区和脱贫人口的内生发展动力。

三、适用范围及对象

脱贫地区。尤其是具有一定产业基础的脱贫地区和欠发达地区，通过持续强化帮扶政策，帮助其提升内生发展动力。

监测对象。分为三类，一是脱贫不稳定户，二是边缘易致贫户，三是突发严重困难户。脱贫不稳定户是指人均纯收入在当地防止返贫监测范围内，且受各种原因影响存在返贫风险，被纳入监测帮扶的脱贫户。边缘易致贫户是指人均纯收入在当地防止返贫监测范围内，且受各种原因影响存在致贫风险，被纳入监测帮扶的一般农户。突发严重困难户是指因病因灾因意外事故等刚性支出较大或收入大幅缩减导致基本生活出现严重困难户（简称"突发严重困难户"）。其中，虽然人均纯收入超出当地监测范围，但受突发事件等各类因素影响导致刚性支出较大或收入大幅缩减，导致基本生活出现严重困难并存在返贫致贫风险，也应纳入监测帮扶的农户。这类群体可以是脱贫户，也可以是一般农户。

监测范围。监测范围是人均可支配收入低于国家扶贫标准1.5倍左右的家庭，以及因病、因残、因灾、因新冠疫情影响等引发的刚性支出明显超过上年度收入和收入大幅缩减的家庭。监测对象规模一般为建档立卡人口的5%左右，深度贫困地区原则上不超过10%。认定监测对象从农户申报、干部排查、部门预警发现风险线索之日起，到完成监测对象识别认定，一般不超过15天，其中村内公示不少于5天。

四、实施过程

（一）设置5年过渡期

2020年12月底，党中央决定，脱贫攻坚目标任务完成后，对摆脱贫困的县，从脱贫之日起设立5年过渡期。过渡期内要保持主要帮扶政策总体稳定。主要目的有两个：

一是巩固拓展脱贫攻坚成果。在脱贫攻坚期间，通过超常规举措的支持，贫困家庭实现了"两不愁三保障"的目标，农村家庭获得了实实在在的福祉。为了防止大规模返贫现象的发生，需要设立过渡期来巩固这些成果，避免"断崖效应"。

二是优化政策衔接。过渡期为乡村振兴战略的开好局、起好步提供了时间窗口。通过逐步调整和优化脱贫攻坚阶段的帮扶政策，可以实现由集中资源支持脱贫攻坚向全面推进乡村振兴的平稳过渡，确保脱贫攻坚成果的全方位拓展，同时为已脱贫地区制定乡村振兴规划，实现有效衔接。

（二）确定 160 个国家乡村振兴重点帮扶县

在发展相对落后的西部 10 省（自治区、直辖市），综合考虑人均地区生产总值、人均一般公共预算收入、农民人均可支配收入等指标，统筹考虑脱贫摘帽时序、返贫风险等因素，结合各地实际，确定了 160 个国家乡村振兴重点帮扶县。对 160 个国家乡村振兴重点帮扶县出台 14 个方面倾斜支持政策，开展一些专项的支持政策，例如可以对脱贫县涉农资金统筹整合等。

（三）出台 33 项衔接政策

对脱贫攻坚期间的帮扶政策分类调整优化，出台 33 项衔接政策。深化东西部协作、定点帮扶和易地搬迁后续扶持，乡村振兴机构完成组建，开展巩固拓展脱贫攻坚成果同乡村振兴有效衔接考核评估，衔接工作有序推进。

（四）开展防止返贫监测

针对通过农户自主申报、干部走访排查、部门筛查预警以及媒体反馈曝光、群众信访等渠道发现的可能存在返贫风险的对象，应及时按照"农户申请、入户核实、村级评议（公示）、乡镇（街道）联合审核、县级审定"五步流程，开展识别认定。

第一步：农户申请。农户自愿提出书面申请（含在线申报，申请书样式见图6-1），签字按手印，并按照相关规定依法对开展家庭经济状况等信息核查授权。农户授权后，乡镇（街道）民政办按照相关规定依法对申请对象开展家庭经济状况核查。干部排查和部门筛查预警发现的对象，由村（社区）干部或驻村干部指导农户提交申请。

防止返贫监测对象申报书（样本）

_____村委会：

  我叫 _____，身份证号码：_____，

电话号码：_____，家庭住址：_____。

  因_____

_____

导致生活困难，申请成为监测对象。

                                    申请人（签字或手印）：_____

                                    _____年_____月_____日

图6-1 防止返贫监测对象申报书（样本）

第二步：入户核实。村组干部和驻村干部等按照"两人同行"原则，及时组织开展入户核实，采集相关信息（采用全国防返贫监测信息系统导出表，核查表样式见图6-2）。

第三步：村级评议（公示）。以行政村为单位，组织村民代表、监督人员、村组干部、驻村干部等，对入户核实对象进行民主评议，并在村政务公示栏内公示5个工作日，公示到期后，将拟纳入监测对象名单上报乡镇（街道）审核。

第四步：乡镇（街道）联合审核。对村级公示无异议的名单，乡镇

入户核查信息			
一、基础信息			
户主姓名：		身份证号：	
家庭人口数：		联系电话：	
二、监测方式			
□农户自主申报□基层干部排查□部门筛查预警（含社会监督发现）			
三、风险类型			
□因病□因学□因安全住房□因安全饮水□因残□因自然灾害□因意外事故□因产业项目失败 □因务工就业不稳□缺劳动力□其他（文字备注）：_____ □无风险			
四、收支情况（入户核实时前12个月收入）			
工资性收入（元）	生产经营性收入（元）	财产性收入（元）	转移性收入（元）
生产经营性支出（元）	合规自付支出（元）	家庭纯收入（元）	家庭人均纯收入（元）
五、家庭成员是否存在以下情形			
□1.有企业。□2.有商品房。□3.有公职人员。□无。			
入户核查结果			
□经核查，建议履行后续认定程序。 □经核查，不符合认定条件，民主会议评议后不再履行 后续认定条件。 入户核实人员签字： 确认并授权核查家庭资产信息。			

图 6-2　防止返贫监测对象核查认定表

（街道）组织住建、医疗、教育、水利等部门人员联合审核，并报县级审定。

第五步：县级审定。县级将各乡镇（街道）上报的拟纳入名单，按照相关部门规定工作流程，与公安、财政、民政、规划自然资源、市场监管、税务等部门进行数据比对，核验是否有财政供养人员、是否有商品房、是否有享受型车辆、是否经商办企业、是否有大额存款等，并将疑似问题户反馈乡镇（街道）核实。核验审定后，将符合条件的监测对象名单反馈乡镇（街道），各乡镇（街道）将监测对象名单在各自行政村（社区）公告，并及时组织录入全国防返贫监测信息系统。

（五）持续开展帮扶

1. "两不愁三保障"基本延续原有政策措施，夯实巩固脱贫攻坚成果

教育保障方面，基本延续脱贫攻坚时期的政策措施，强化控辍保学工作，提升义务教育质量，重视职业教育。医疗保障方面，重点关注监测户的参保情况，排查是否存在因病导致生活困难情况，并及时进行帮扶救助。住房安全保障方面，持续做好住房安全动态监测和住房质量提升工作，部分地区特别关注农房抗震改造和特殊群体的住房安全问题。饮水安全保障方面，重点排查是否存在饮水工程建后不通水、水源水量不足或枯竭、水源水质污染、管护不到位等情况。

2. 产业帮扶

第一，推动脱贫地区培育2～3个特色主导产业，近90%的脱贫户和监测户至少得到1项产业帮扶措施，为守牢不发生规模性返贫底线、促进脱贫地区发展和群众增收发挥了重要作用。第二，建立了脱贫地区特色产业发展项目库，每个脱贫县重点选择2～3个特色主导产业，谋划储备一批重点工程项目并纳入项目库。第三，建设标准化生产基地，发展地域特色鲜明、乡土气息浓厚的特色种养业，建成一批绿色标准化基地。发掘一批优异种质资源，提纯复壮一批地方特色品种，自主培育一批高产优质多抗的突破性品种。净化农业产地环境，加强污染土壤治理和修复，以清洁的产地环境生产优质农产品。引导家庭农（林）场、农民合作社和农（林）业产业化龙头企业按标生产，带动大规模标准化生产。第四，提升农产品加工业，主要包括引导脱贫地区发展农产品初加工，大力发展农产品精深加工，引导农业企业到脱贫地区建设农产品加工项目，提升产品附加值。组织科研院所、大专院校与脱贫地区联合开展加工技术攻关。因地制宜发展特色食品、制造、手工业等乡土产业，延续支持扶贫车间的优惠政策，建设一批规范化乡村工厂、生产车间。第五，拓展农业功能价值，

主要包括在脱贫地区建设一批功能齐全、布局合理、机制完善、带动力强的休闲农业精品园区，推介一批视觉美丽、体验美妙、内涵美好的乡村休闲旅游精品景点线路，打造一批全国乡村旅游重点村镇和中国美丽休闲乡村。在脱贫地区遴选认定一批国家森林康养基地和精品生态旅游地。第六，健全联农带农机制，主要包括健全新型农业经营主体和涉农企业扶持政策与带动农户增收挂钩机制，发展农业产业化联合体，让农民更多参与产业发展，使其更多分享产业增值收益，不断增强自我发展能力，持续稳定增加收入。

3. 就业帮扶

第一，推进劳务输出。认定一批农村劳动力转移就业工作示范县，对面向脱贫人口开展有组织劳务输出的人力资源服务机构、劳务经纪人，按规定给予就业创业服务补助。对跨省就业的脱贫人口安排一次性交通补助，有的地区根据情况对吸纳脱贫人口就业数量多、成效好的就业帮扶基地，按规定给予了一次性奖补。第二，促进稳定就业。指导企业与脱贫人口依法签订并履行劳动合同、参加社会保险、按时足额发放劳动报酬，积极改善劳动条件，健全常态化驻企联络协调机制。对符合条件的吸纳脱贫人口就业的企业，按规定落实社会保险补贴、创业担保贷款及贴息等政策。对失业脱贫人口优先提供转岗服务，帮助他们在当地尽快实现了再就业。第三，强化劳务协作。充分发挥对口帮扶机制作用，搭建完善用工信息对接平台，推广使用就业帮扶直通车，建立了常态化的跨区域岗位信息共享和发布机制。第四，培树劳务品牌。结合本地区资源禀赋、文化特色、产业基础等优势，各地积极培育、创建、发展了一批有特色、有口碑、有规模的劳务品牌，借助品牌效应扩大劳务输出规模，提高劳务输出质量。第五，发展就业帮扶车间等就业载体。近年来，脱贫地区创造了更多就地就近就业机会，打造集工作车间、公共就业服务中心、公共活动场所等功能为一体的综合性服务机构。第六，鼓励返乡入乡创业。主要包括引导农民工等人员返乡入乡创业、乡村能人就地创业，帮助有条件的脱贫人口自主创业，并给予税费减免、场地安排、创业担保贷款及贴息、一次性创业补贴和创业培训等政策支持。同时，充分利用现有园区等资源，脱贫地区建设了一批返乡入乡创业园、创业孵化基地，进一步提供更多的就业机会。第七，用好乡村公益性岗位。在保持乡村公益性岗位规模总体稳定的基础上，各地加大各类岗位统筹使用力度，优先安置符合条件的脱贫人口特别是其中的弱劳力、半劳力，动态调整安置对象条件，提升对其的带动效应。第八，优化提升就业服务。依托全国扶贫开发信息系统对脱贫人口、农村低收入人口、易地扶贫搬迁群众等重点人群就业状态分类实施动态监测，对就业转失业的及时提供职业指导、职业介绍等服务。第九，精准实施技能提升。加大脱贫人口、农村低收入人口职业技能培训力度，在培训期间按规定给予生活费补贴。支持脱贫地区、乡村振兴重点帮扶县建设一批培训基地和技工院校。继续实施"雨露计划"，按规定给予相应补助，支持脱贫户、农村低收入人口所在家庭"两后生"就读技工院校，按规定享受国家免学费和奖助学金政策。第十，倾斜支持重点地区。在帮扶中，中国重点瞄准乡村振兴重点帮扶县、易地扶贫搬迁安置区，积极引进适合当地群众就业需求的劳动密集型、生态友好型项目或企业，扩大当地就业机会。

4. 强化易地搬迁后续扶持

第一，完善安置区配套基础设施和公共服务设施。结合推进新型城镇化建设，将大型城镇安置区及配套设施纳入国土空间规划一体规划、一体建设；聚焦大型安置区配套教育、医疗设施等短板，在下达中央预算内投资计划时对搬迁任务重的省份予以倾斜支持；在分配教育领域相关资金时，对搬迁任务重的省份予以倾斜支持。第二，强化安置区产业培育和就业帮扶。开展就业帮扶，多渠道创造就业机会，健全安置区公共就业服务体系，对万人以上大型安置区开展专项帮扶，开展针对性强的职业技能培训；加大东部地区职业院校面向"三区三州"等深度贫困地区招生计划投放力度；引导农产品加工产能向安置区周边聚集，将有条件的安置区纳入产业园体系，推动搬迁户与带贫主体建立稳定紧密的利益联结机制；鼓励搬迁群众通过创办网店、参与快递物流等方式实现就地就近就业；发挥东西部扶贫协作和定点扶贫等机制作用，援建一批劳动密集型扶贫车间，在安置区因地制宜设置一批扶贫公益性岗位；广泛吸纳搬迁群众参与生态保护工程建设。第三，加强安置社区管理。支持地方配套建设社区综合服务设施，加强安置区社区自治组织建设，建立健全安置社区治理机制；引导搬迁群众移风易俗，形成邻里和睦、守望相助、文明节俭的好风尚；鼓励参与东西扶贫协作的省市、高校和有关单位，对普通话普及率低、推普压力大的安置区给予帮扶。第四，保障搬迁群众合法权益。有序推进旧房拆除和旧宅基地复垦整治、安置住房不动产确权登记等各项工作；大力实施城乡建设用地增减挂钩节余指标支持易地扶贫搬迁相关政策；支持搬迁农户承包土地经营权流转，因地制宜培育发展产业。第五，加大工作投入力度。在安排相关民生领域专项转移支付时统筹加大对后续扶持任务重的省份倾斜，鼓励省级政府继续发行地方政府一般债券予以支持；鼓励各类金融机构积极创新金融产品，支持搬迁安置区后续产业发展和搬迁群众生产生活；动员组织中央企业积极参与定点扶贫县后续扶持项目建设。

5. 汇集各方力量巩固脱贫成果

第一，东西部协作。继续完善东西部结对帮扶关系，拓展帮扶领域，健全帮扶机制，优化帮扶方式，加强产业合作、资源互补、劳务对接、人才交流，动员全社会参与。第二，实施"万企兴万村"行动。主要是通过采取政府引导与市场运作相结合、政策支持与民营企业参与相结合、集中发动与持续推动相结合、公益帮扶和投资经营相结合等方式，动员引导民营企业与重点帮扶县开展帮扶对接，帮助发展产业，参与乡村建设，促进就业创业，开展消费帮扶，救助困难群众，助力重点帮扶县巩固拓展脱贫攻坚成果，防止发生规模性返贫。第三，中央定点帮扶。包括开展调查研究。通过与定点帮扶县一起分析发展现状，帮助脱贫地区制定"十四五"时期巩固拓展脱贫攻坚成果同乡村振兴有效衔接规划的实施方案。同时，找出政策执行过程中的新情况新问题，提出有针对性的政策建议，帮助改进工作。及时发现和总结基层典型经验和成功案例，采取多种方式加强宣传推广。

6. 兜底保障

针对特殊困难群体、无劳动力或弱劳动力人口，各地在保持社会救助兜底保障政策总体稳定的基础上，加强低收入人口动态监测，完善分层分类的社会救助体系，适度拓展社会救助范围，创新服务方式，提升服务水平，切实做到应保尽保、应救尽救、应兜尽兜，减少返贫风险和新致贫风险，不断增强困难群众获得感、幸福感、安全感。

五、实施效果

2019年中国开始探索实施防返贫监测，2019年和2020年持续监测和识别，标注了168万脱贫不稳定人口，识别了243万边缘易致贫户人口，共摸排了411万"两类人群"，采集了这两类人员的基础信息以及返贫（致贫）风险等信息，并建立了数据库。2021年中央专门出台《关于健全防止返贫动态监测和帮扶机制的指导意见》，对防止返贫监测帮扶工作进行全面部署，确立了防止返贫的新三类人员"脱贫不稳定户、边缘易致贫户、突发严重困难户"。各地积极落实政策要求，不断推进防返贫监测和帮扶工作。截至2022年，在累计识别纳入监测对象中，65.3％的监测对象已消除返贫风险。

中国巩固脱贫成果防止返贫工作取得显著成效。脱贫地区就业和产业支撑能力不断增强。2021年、2022年脱贫劳动力务工就业规模均超过3 000万人。2022年中央财政衔接推进乡村振兴补助资金55%以上用于支持产业发展，选派产业顾问组，支持发展高质量庭院经济，实施消费帮扶行动，加快产地仓储保鲜冷链物流设施建设。重点区域发展基础不断夯实。西部10个省（自治区、直辖市）确定了160个国家乡村振兴重点帮扶县，国家乡村振兴局会同中央有关单位和部门出台14个方面倾斜支持政策，选派科技特派团，开展医疗、教育干部人才"组团式"帮扶，动员3 779家民营企业、274家社会组织（含全国性社会组织、东部省份社会组织）结对帮扶，实施一批补短板促发展项目。强化易地扶贫搬迁后续扶持，完善安置点基础设施和公共服务，实现有劳动力的搬迁家庭一户一人以上就业。有效衔接政策不断完善。对财政、金融、土地、科技、人才、驻村帮扶等脱贫攻坚期间的帮扶政策采取延续、优化等方式分类处理，国家层面研究出台了一批过渡期衔接政策。2023年，中央财政衔接资金规模达1 750亿元，比上年增加100亿元。每年开展巩固拓展脱贫攻坚成果同乡村振兴有效衔接考核评估，开展约谈和挂牌督办，树牢实效导向。乡村建设和乡村治理更加深入。启动了"百校联百县兴千村"行动和乡村工匠培育计划，深入推进农村人居环境整治，全国农村卫生厕所普及率超过73%，90%以上的自然村生活垃圾得到收运处理，95%的村庄开展了清洁行动。大力推广积分制、清单制、数字化等治理方式，开展高价彩礼等移风易俗重点领域突出问题专项治理，乡村治理水平不断提升。社会合力进一步凝聚。2022年，东部省份实际投入财政援助资金230.9亿元，引导2 633家企业到协作地区投资1 354.2亿元，305家中央单位共向592个定点帮扶县投入和引进帮扶资金689亿元，18.6万名驻村第一书记、56.3万名工作队员在助推当地经济发展、促进社会稳定、守住不发生规模性返贫底线等方面发挥了重要作用。

六、典型案例

1. 江西省建立的"农户自主申报、干部常态摸排、部门信息比对"三线并行筛查预警措施，拓宽监测对象识别渠道

一是农户自主申报。开发了"农户自主申报二维码"，在村组广泛张贴宣传。农户本人或由村干部帮助，通过手机扫描，即时申报困难帮扶诉求。对全家在外地务工的农户，通过务工微信群推送"二维码"方式，让所有农户知晓并掌握便捷渠道。全省已有 10 773 户农户通过扫码自主申请困难帮扶。

二是干部常态摸排。把全省 1 565 个乡镇扶贫工作站、1.75 万个村级扶贫工作室，转为乡村振兴工作站（室），选派 5 290 个驻村工作队、1.6 万余名驻村工作队员，落实排查责任，主动发现农户易返贫致贫风险。

三是部门信息比对。省、县乡村振兴部门与同级医保、教育、住建、民政、残联、人社等部门实现了数据共享，对数据筛查比对发现的困难农户作出风险预警，并及时反馈基层核实。2022 年，行业部门通过数据比对筛查，推送预警信息 11 万多条。

2. 河南：多措并举，严防因灾返贫致贫

2021 年，河南省因极端降雨天气导致的严重洪涝灾害，共造成全省 26 个国定脱贫县、11 个省定脱贫县、2 759 个脱贫村、39.09 万建档立卡脱贫人口和监测对象受灾。全省扶贫项目损毁 5 215 个，涉及资金规模约 11.3 亿元；扶贫车间受损 139 间，光伏电站受损 246 座、规模容量 45 572.19 千瓦，农村扶贫道路损毁 1 393.93 千米。对此，河南省采取以下三项工作全力防止农村群众因灾返贫致贫。

第一，应纳尽纳，加强动态监测帮扶。梳理制定巩固期脱贫户和监测户享受政策清单，全面动员乡村干部、驻村第一书记、驻村工作队、帮扶

责任人等基层力量开展政策宣传和因灾返贫致贫排查，灵活把握程序，将符合条件的及时纳入监测，因户施策，化解返贫致贫风险。

第二，加大投入，加快灾后重建。加大省级财政衔接资金投入力度，增量资金分配向受灾严重的地区倾斜。受灾脱贫县统筹整合财政涉农资金不低于 2020 年的规模。分配到市、县的防汛救灾财力补助资金优先用于巩固拓展脱贫攻坚成果。尽快恢复水毁项目，对脱贫村和易地扶贫搬迁安置点受损的道路、桥涵、供水、校舍、卫生室、党群服务中心等基础设施和基本公共服务设施，及产业扶贫基地、扶贫车间、光伏扶贫电站等扶贫项目，纳入灾后重建的重点。

第三，因地制宜，深入开展各类帮扶。一是解决"两不愁三保障"和饮水安全问题，持续做好控辍保学，优先对脱贫人口和监测对象损毁房屋修缮或重建，对停水断水、水质不达标的采取应急措施和设施抢修。二是加快受损产业恢复，及时指导受灾地区生产自救，帮助改种补种、补栏增养，享受相关补助政策，积极开展科技帮扶，把损失降到最低限度。三是支持稳岗就业，强化就业培训，对因灾返乡的引导其及时返岗就业，支持帮带企业和扶贫车间优先吸纳受灾脱贫人口和监测对象，积极开发排涝清淤、灾后重建、疫情防控等公益性岗位。四是优化小额信贷政策，再贷款新增规模向受灾严重的地区倾斜，加大小额信贷投放力度。五是强化兜底保障措施，对受灾较重的脱贫人口和监测对象，按程序及时纳入农村低保，并统筹落实灾害救助、临时救助等相关政策，保障其基本生活。六是扩大"防贫保"覆盖面，各地政府要对受灾脱贫人口和监测对象全覆盖。七是开展社会帮扶和消费帮扶，通过捐款捐物、志愿服务、到村到户帮扶等形式，支援受灾脱贫地区灾后重建。

3. 陕西省开展动态监测和帮扶工作，多措阻返贫坚决断穷根

做好防返贫监测与帮扶工作是巩固脱贫攻坚成果和防止规模性返贫的基础和关键。为进一步强化动态监测帮扶，陕西省成立了防返贫动态监测

帮扶专班，全面推行风险摸排网格化、监测预警信息化、精准帮扶系统化，优化省防返贫监测信息化平台，健全镇村组全覆盖的三级网格体系，将全体农户纳入排查监测范围，组织基层干部和全省31.3万名基层网格员开展2次集中排查和寓帮扶于排查的常态化日常排查。截至2022年11月底，全省共纳入监测对象6.83万户20.88万人，均落实了精准帮扶措施，返贫致贫风险得到有效化解，在乡村振兴的路上不让一个人掉队。

产业和就业是巩固脱贫攻坚成果的治本之举。近年来，陕西省持之以恒促进优势特色产业发展，聚焦延链、强链、补链，支持全产业链开发，山地苹果、"小木耳、大产业"、"因茶兴业、因茶致富"等区域特色产业蓬勃发展，眉县猕猴桃、洛川苹果、安康富硒茶等一大批区域公用品牌影响力日益增长。以健全联农带农机制为核心，统筹脱贫地区产业规模化提升和到户类产业发展，引导发展以庭院经济为主的小种植、小养殖、小加工、小商贸、小田园"五小经济"，形成有经营主体带动、有具体政策扶持、有技术团队服务、有稳定销售渠道、有政策保险兜底的良好发展态势。

在扩大就业方面，陕西省以点对点劳务协作、帮扶车间、公益性岗位、以工代赈、"雨露计划＋"等为载体，统筹推动脱贫劳动力外出务工和就近就地就业，截至2022年10月底，全省脱贫劳动力务工规模219.9万人，是年度任务的104.6％。搭建了就业现状、技能培训、就业需求3个数据库，大力开展技能培训和技能评价工作，经过技能培训的人员务工收入实现大幅增长。

在易地搬迁地区，陕西省扎实开展"乐业安居"专项行动，安排5 000万元省级基建资金支持安置点配套设施建设。全面强化易地搬迁劳动力就业扶持，确保有劳动力且有就业意愿的搬迁家庭至少有1人就业，全省易地搬迁脱贫人口务工规模37.9万人，完成目标任务的103.84％。开展安置点乡村治理专项行动，易地搬迁安置村（社区）实现驻村帮扶力量全覆盖，全省 2 116 个易地搬迁安置点全部建立社区服务场所，推行户口簿、居住簿"双簿制"，有力保障群众利益，有效促进社会融入。

4. 贵州"三个坚持"着力破解易地扶贫搬迁安置社区物业管理难题

贵州省深入贯彻党中央、国务院关于巩固拓展脱贫攻坚成果同乡村振兴有效衔接的决策部署，坚持改革创新，完善易地扶贫搬迁安置社区物业服务管理政策举措，着力破解物业服务"管理跟不上、资金无来源、物业收费难、群众不满意"等难题，不断巩固搬迁脱贫成果，使 41.68 万户搬迁群众实现物业管理，占全省易地扶贫搬迁群众的 96.5%。

坚持群众至上，完善物业服务管理顶层设计。一是深入基层调查研究。深入全省 9 个市（州）、40 个县（市、区）、98 个安置社区进行专题调研，通过召开座谈会、入户走访、问卷调查等方式问计于民，为研究易地扶贫搬迁安置社区物业服务管理政策文件夯实群众基础。二是积极会商相关部门。积极组织省发改委、省财政厅、省乡村振兴局、省住房和城乡建设厅、省民政厅、省人社厅等部门，对住房维修资金、物业费筹措、物业选择、群众参与等重点内容进行充分商讨，形成一致意见。三是高位推动政策落实。以省政府办公厅名义印发出台《关于切实做好易地扶贫搬迁安置社区物业服务管理工作的指导意见》，规范指导易地扶贫搬迁安置社区物业服务管理。

坚持党建引领，构建物业服务管理共建共管共享。一是探索建立物业管理"全新模式"。总结提炼推广党建引领下的"政府和社区主导、企业市场化运作、群众自主组织实施"3 种物业管理模式，不断增强搬迁群众的获得感、幸福感、安全感。二是精准打通物业管理"最后一米"。以"红色物业"服务为抓手，推动业主委员会、物业管理企业建立党组织，纳入社区党组织统一管理，把党建工作延伸到基层治理的"神经末梢"，给广大搬迁群众提供更优质服务保障。三是推动物业管理效能"全面提升"。充分发挥基层党组织组织群众、宣传群众、凝聚群众、服务群众的作用，积极发挥搬迁群众主观能动性和自我管理、自我服务动能，有效化解传统社区物业管理模式在搬迁安置社区中存在的业主委员会难成立、业主利益难代表、物业企业难收费、日常运行难管理等"四难"矛盾，得到基层群众普遍认可。

坚持改革创新，推动物业服务管理可持续发展。一是明确补贴时间。从搬迁群众生活实际出发，制定出台相应政策引导群众自觉缴纳物业管理费，入住后 3～5 年内由政府"补贴"部分物业费，到 2025 年实现完全由群众自觉缴纳。二是拓宽经费来源。制定安置社区物业管理实体化公示试点工作方案，指导各地努力盘活安置区各类资产，发展后续扶持产业和壮大社区集体经济，不断拓展物业服务管理资金补充来源。三是严格经费管理。严格规范易地扶贫搬迁安置社区物业资金管理，在属地政府和行业主管部门的指导下，开设安置社区物业管理资金账户，实行支出申报制度，定期公布经费使用情况，并在安置社区显眼位置进行公示，接受搬迁群众监督，确保物业管理经费使用公开透明。

5. 河南消费帮扶解难题助农增收见实效

2022 年以来，河南省认真落实党中央、国务院决策部署，大力组织实施消费帮扶，全年共组织购买和帮助销售脱贫地区农副产品 773.55 亿元，帮助 6.2 万户脱贫户、16.3 万脱贫群众增收。2022 年 11—12 月新冠疫情期间，帮助销售蔬菜 16 万吨，有效解决蔬菜滞销和疫情叠加双重"难题"，为守好市民"菜篮子"和农民"钱袋子"提供有力保障。

坚持高位推动系统谋划推进。一是成立专班，强化组织。河南省政府办公厅印发《关于开展蔬菜促销工作的通知》，出台推动蔬菜促销 10 项举措，河南省乡村振兴局成立以局长为组长，分管副局长为副组长的蔬菜促销专班，大力推动蔬菜促销工作。二是制定方案，明确任务。制定《河南省乡村振兴局蔬菜促销工作方案》，对全省乡村振兴部门、定点帮扶单位、结对帮扶高校、结对帮扶省辖市、局属社会组织提出任务要求。三是建立机制，抓好落实。建立蔬菜促销日报机制，及时掌握蔬菜滞销情况，多方寻求解决办法，及时分享经验做法，积极开展蔬菜促销工作。

强化多方联动夯实工作基础。一是加强上下联动左右协同。指导市、县乡村振兴部门主动作为，加强与农业农村等相关单位对接，深入摸准实情，特别是做好对脱贫户及监测对象走访，及时掌握本地蔬菜滞销情况。郑州市主动对接做好服务，协调产销对接 180 余次，累计帮助多地销售蔬菜 9 013 吨。二是发挥"三项帮扶"作用。积极动员全省 182 家省定点帮扶单位、53 所结对帮扶高校、4 个市县结对帮扶省辖市，通过单位食堂统一采买、工会团购等方式，优先采购帮扶地区和脱贫地区蔬菜。华北水利水电大学采购兰考县蔬菜 4.95 吨，河南师范大学采购新乡市平原示范区白菜 13 吨。三是发挥驻村帮扶干部作用。驻村工作队深入田间地头，通过直播、微信转发等形式帮助促销蔬菜。平顶山市开展"第一书记帮带货"蔬菜对接活动，48 名第一书记进行直播带货，动员 116 家帮扶单位、28 家企业、50 多个小区参与对接，销售蔬菜 455 吨。四是用好帮扶平台。积极发挥脱贫地区农副产品网络销售平台（832 平台）、消费帮扶专柜专馆专区等平台作用，促销脱贫地区蔬菜。商丘市组织全市 13 个消费帮扶专馆、113 个消费帮扶专区开辟绿色通道，优先采购滞销蔬菜 300 余吨。

广泛动员宣传凝聚社会合力。一是开展公益助农活动。开展"百家媒体聚力河南公益助农"行动，搭建起信息共享的供销互助平台，最大程度动员全国采购力量，利用 8 天时间实现蔬菜交易 3.8 万吨。二是发放倡议书。发出动员采购滞销蔬菜倡议书，呼吁消费帮扶"百企联盟"企业、消费帮扶专柜专馆专区运营企业、社会组织、社会爱心人士等，充分发挥自身力量，帮助销售蔬菜。三是凝聚社会力量。省乡村振兴协会积极动员电商行业会员单位发挥平台优势，帮助销售蔬菜 4 410 吨，动员餐饮行业会员单位采购滞销蔬菜 133 吨。

中国是拥有 14 亿人口，是世界上最大的发展中国家，基础差、底子薄，发展不平衡，贫困规模之大、贫困分布之广、贫困程度之深世所罕见，贫困治理难度超乎想象。在这种难度下，精准扶贫取得成功主要得益于以下几点经验。

一、充分发挥政府在减贫进程中的主导作用

执政党和中央政府的决心是解决规模性贫困问题的前提，也是解决精准扶贫问题的前提，政府的规划能力和落实能力是决定成败的关键。中国坚持党中央对精准扶贫的集中统一领导，统筹谋划，强力推进。强化中央统筹、省负总责、市县抓落实的工作机制，构建五级书记抓扶贫、全党动员促攻坚的局面。执行脱贫攻坚一把手负责制，中西部 22 个省份党政主要负责同志向中央签署脱贫攻坚责任书、立下"军令状"，脱贫攻坚期内保持贫困县党政正职稳定。抓好以村党组织为核心的村级组织配套建设，把基层党组织建设成为带领群众脱贫致富的坚强战斗堡垒。集中精锐力量投向脱贫攻坚主战场，全国累计选派 25.5 万个驻村工作队、300 多万名第一书记和驻村干部，同近 200 万名乡镇干部和数百万村干部一道奋战在扶贫一线。

二、以人民为中心，保证持续大量投入，走共同富裕道路

中国始终坚定人民立场，强调消除贫困、改善民生、实现共同富裕是

社会主义的本质要求，是我们党坚持全心全意为人民服务根本宗旨的重要体现，是党和政府的重大责任。我们把群众满意度作为衡量脱贫成效的重要尺度，集中力量解决贫困群众基本民生需求。我们发挥政府投入的主体和主导作用，宁肯少上几个大项目，也优先保障脱贫攻坚资金投入。8 年来，中央、省、市县财政专项扶贫资金累计投入近 1.6 万亿元，其中中央财政累计投入 6 601 亿元。打响脱贫攻坚战以来，土地增减挂指标跨省域调剂和省域内流转资金 4 400 多亿元，扶贫小额信贷累计发放 7 100 多亿元，扶贫再贷款累计发放 6 688 亿元，金融精准扶贫贷款发放 9.2 万亿元，东部 9 省市共向扶贫协作地区投入财政援助和社会帮扶资金 1 005 亿多元，东部地区企业赴扶贫协作地区累计投资 1 万多亿元，等等。中国统筹整合使用财政涉农资金，强化扶贫资金监管，确保把钱用到刀刃上。真金白银的投入，是精准扶贫成功的重要保障。

三、凝聚社会力量，形成减贫共同意志、共同行动

扶贫工作是一项复杂系统的工程，必须广泛凝结各方的力量。精准扶贫过程中，中国广泛动员全党全国各族人民以及社会各方面力量共同向贫困宣战，举国同心，合力攻坚，党政军民学劲往一处使，东西南北中拧成一股绳。强化东西部扶贫协作，推动省市县各层面结对帮扶，促进人才、资金、技术向贫困地区流动。组织开展定点扶贫，中央和国家机关各部门、民主党派、人民团体、国有企业和人民军队等都积极行动，所有的国家扶贫开发工作重点县都有帮扶单位。各行各业发挥专业优势，开展产业扶贫、科技扶贫、教育扶贫、文化扶贫、健康扶贫、消费扶贫。民营企业、社会组织和公民个人热情参与，"万企帮万村"行动蓬勃开展。构建专项扶贫、行业扶贫、社会扶贫互为补充的大扶贫格局，形成跨地区、跨部门、跨单位、全社会共同参与的社会扶贫体系。千千万万的扶贫善举彰

显了社会大爱，汇聚起排山倒海的磅礴力量。

四、坚持精准扶贫方略，用发展的办法消除贫困根源

我们始终强调，脱贫攻坚，贵在精准，重在精准。我们坚持对扶贫对象实行精细化管理、对扶贫资源实行精确化配置、对扶贫对象实行精准化扶持，建立了全国建档立卡信息系统，确保扶贫资源真正用在扶贫对象上、真正用在贫困地区。围绕扶持谁、谁来扶、怎么扶、如何退等问题，我们打出了一套政策组合拳，因村因户因人施策，因贫困原因施策，因贫困类型施策，对症下药、精准滴灌、靶向治疗，真正发挥拔穷根的作用。我们要求下足绣花功夫，扶贫扶到点上、扶到根上、扶到家庭，防止平均数掩盖大多数。我们坚持开发式扶贫方针，坚持把发展作为解决贫困的根本途径，改善发展条件，增强发展能力，实现由"输血式"扶贫向"造血式"帮扶转变，让发展成为消除贫困最有效的办法、创造幸福生活最稳定的途径。我们紧紧扭住教育这个脱贫致富的根本之策，强调再穷不能穷教育、再穷不能穷孩子，不让孩子输在起跑线上，努力让每个孩子都有人生出彩的机会，尽力阻断贫困代际传递。

中国减贫实践表明，发展是消除贫困最有效的办法、创造幸福生活最稳定的途径。唯有发展，才能为经济社会发展和民生改善提供科学路径和持久动力；唯有发展，才能更好保障人民的基本权利；唯有发展，才能不断满足人民对美好生活的热切向往。

五、激发内生动力和创新精神，提升脱贫可持续性

贫困群众是脱贫致富的主体，扶贫减贫既要借助外力，更要激发内

力，才能形成合力。中国充分尊重、积极发挥贫困群众主体作用，激发培育贫困群众内生动力，增强参与发展、共享发展、自主发展的能力，使贫困群众不仅成为减贫的受益者，也成为发展的贡献者。坚持扶贫与扶志扶智相结合，既富口袋，更富脑袋，让贫困群众既有脱贫致富的想法，又有脱贫致富的办法。依托农民夜校、新时代讲习所等，加强教育培训，提升贫困群众发展生产和务工经商的基本技能。改进扶贫方式，建立正向激励、比学赶超的有效机制，更多采用生产奖补、劳务补助、以工代赈等方式，激励贫困群众依靠劳动创造幸福。大力宣传自强不息、奋斗脱贫的先进典型，广泛开展生动活泼、形式多样的宣传教育，引导贫困群众树立"宁愿苦干、不愿苦熬"的观念，用双手改变贫困落后面貌。

六、求真务实、较真碰硬，严格考核评估

扶贫瞄准机制的调整是开展一切扶贫工作的起点和基础，扶贫要对贫困人口识别到户，同时建立帮扶主体与贫困户的一对一或一对多的结对关系。扶贫措施既要统筹考虑贫困地区发展，又要考量贫困户脱贫需求，既要统筹致贫原因，也要考量特殊现实，从而精准施策。此外，实行最严格的考核评估制度才能保证扶贫工作的有效落实。精准扶贫把全面从严治党要求贯穿脱贫攻坚全过程和各环节，拿出抓铁有痕、踏石留印的劲头，把脱贫攻坚一抓到底。突出实的导向、严的规矩，不搞花拳绣腿，不搞繁文缛节，不做表面文章，坚决反对大而化之、撒胡椒面，坚决反对搞不符合实际的"面子工程"，坚决反对形式主义、官僚主义，把一切工作都落实到为贫困群众解决实际问题上。实行最严格的考核评估，开展扶贫领域腐败和作风问题专项治理，建立全方位监督体系，真正让脱贫成效经得起历史和人民检验。

七、应用现代化信息化技术，全面提升减贫效率

中国精准扶贫的成功，建档立卡功不可没。通过建档立卡，实现了精准识别，精确找到了贫困人口、致贫原因，为精准扶贫扣好了第一颗扣子。通过构建极为精准的贫困数据平台，实现对贫困人口的精准识别，解决了监测贫困所面临的数据信息缺口问题，为精准扶贫奠定了坚实基础。目前的建档立卡系统，有可视化的全国贫困地图。通过地图颜色的深浅，可以体现各行政区域贫困人口的规模、贫困发生率情况。在村级层面，能够看到全国的贫困村的分布情况，能够看到村的分布情况、看到贫困户的位置信息。干部进村入户的时候可以用手机进行导航，直接进村入户。村级信息还包括历年贫困人口的变化情况、帮扶单位、扶贫成效、生产生活条件、交通条件、公共服务等方面的变化情况。在户级层面，有户的指标和人口的指标，包括基础信息、GPS 定位、人口数、主要致贫原因、家庭成员的情况、收入情况、历年收入变化情况、生产生活条件历年变化情况、帮扶责任人、结对关系、历年享受的帮扶项目，通过这些能够精确地体现贫困户到底享受了什么样的帮扶措施。此外，还可以对贫困户进行精准画像，分析致贫原因进而找出贫困户的具体需求，再及时跟进帮扶。建档立卡推动了精准施策，实现从"大水漫灌"到"精准滴灌"。因为找到了贫困人口、明确了致贫原因，扶持对象识别的精准度提高了，帮扶政策更有针对性，扶贫成本大幅降低，减贫成效明显提高。

参 考 文 献

第十二届全国人民代表大会常务委员会第二十九次会议：《国务院关于脱贫攻坚工作情况的报告》，2017 年 8 月 29 日。

国家乡村振兴局：《2022 年脱贫人口人均纯收入达 14342 元》，2023 年 1 月。

国家医保局：《药品集采改革成效显著》，2020 年 10 月 14 日。

国务院新闻办公室：《国务院新闻办就能源行业决战决胜脱贫攻坚有关情况举行发布会》，2020 年 10 月 19 日。

国务院新闻办公室：《国新办举行产业扶贫进展成效新闻发布会》，2020 年 10 月 19 日。

国务院新闻办公室：《人类减贫的中国实践》白皮书，2021 年 4 月。

习近平：《在全国脱贫攻坚总结表彰大会上的讲话》，2021 年 2 月 25 日。

新华社：《全国检察机关和扶贫部门以廉洁促"精准扶贫"2014 年以来 7465 人因优亲厚友等突出问题被查处》，2016 年 6 月 27 日。

新华社：《这两个"2/3"，成为脱贫攻坚重要保障》，2020 年 11 月 19 日。

中华人民共和国国家发展和改革委员会：《"十三五"易地扶贫搬迁：伟大成就与实践经验》，2021 年 6 月 30 日。

中华人民共和国教育部：《对十三届全国人大四次会议第 4255 号建议的答复（教财建议〔2021〕179 号）》，2021 年 9 月 29 日。

中华人民共和国农业农村部：《科技支撑农业农村高质量发展》，2019 年 12 月 15 日。

中华人民共和国人力资源和社会保障部：《1936 万建档立卡贫困人口纳入低保或特困供养范围》，2021 年 2 月 24 日。

图书在版编目 (CIP) 数据

中国农村精准扶贫政策与实践 / 中国国际减贫中心
编著. -- 北京：中国农业出版社，2024. 12. -- (中国
减贫与发展经验国际分享系列). -- ISBN 978-7-109
-32656-9

Ⅰ. F323.8

中国国家版本馆 CIP 数据核字第 2024JP6481 号

中国农村精准扶贫政策与实践

ZHONGGUO NONGCUN JINGZHUN FUPIN ZHENGCE YU SHIJIAN

中国农业出版社出版

地址：北京市朝阳区麦子店街 18 号楼

邮编：100125

责任编辑：郑　君

版式设计：杨　婧　　责任校对：吴丽婷

印刷：中农印务有限公司

版次：2024 年 12 月第 1 版

印次：2024 年 12 月北京第 1 次印刷

发行：新华书店北京发行所

开本：700mm×1000mm　1/16

印张：9.25

字数：124 千字

定价：68.00 元